もめんと麻のおしゃれ着物

監修　冨田久美子（kimono gallery　晏）

はじめに

この数年、着物ブームといわれ、街では若い女性から年配の方まで、着物姿を見かけることが珍しくなくなってきました。古着ブームやゆかた人口の増加、そしてそのブームは男性の間にも静かに広がってきたようです。

Kimono gallery 晏では、２００４年に「もめんで楽しむおしゃれ着物」という本を監修・出版しました。その頃はまだ、着物ブームのはしりで、もめん着物の存在はあまり知られていませんでした。

カジュアルでお手軽価格のもめん着物をもっと広く知っていただきたいという思いで作りましたが、おかげさまで好評をいただき、このたび、さらに内容を発展させた本を作る機会を得ました。

今作は、もめん着物に麻の着物も加え、春夏秋冬を通してカジュアル着物を楽しんでいただこうと企画したものです。

また、ホームページや展示会でお客様から寄せられる疑問、質問にできるだけお答えできるような構成を心がけました。

いわく、絹ともめんは合わせてもいいの？　洗濯、お手入れはどうすればいいの？　もめん織物の特徴って、どこで見分ければいいの？……エトセトラ、少しでもみなさんの疑問にお答えできればと思います。また、男物に関する情報も新たに加えました。

そして、もっとも多かった、コーディネイトをたくさん見たい、というご要望には、前回の倍近い点数を掲載いたしました。

前作をお読みになった方にも、今作を初めて手に取られた方にも楽しんでいただける内容を心がけたつもりです。皆さんの着物ライフの一助となれば幸いです。そして、もっともっともめん着物を愛していただければと願っております。

もくじ

もくじ

春

季節を楽しむコーディネイト

Spring has come.
重いコートを脱いだら、もめん着物の出番です。
うららかな日差しの春先から、
ちょっと汗ばむくらいの晩春まで、
明るくさわやかなコーディネイトをそろえました。

草木染《くさきぞ》めの優しい色合いの縞着物に、
バティックの曲線美が対照的。
ビーズの帯留めでさらに春らしさを。

●草木染越後片貝木綿　●綿バティック名古屋帯
●アタバッグ　●ビーズ帯留め（作・篠原美知子）
●塗舟形下駄（鼻緒・イタリア製ベロア）　¥16,500

※価格はすべてkimono gallery　晏での取扱価格（税込）です。
価格表示のないものはすべて個人の所蔵です。

無地の保《ほ》多《た》織《おり》ですが、経《たて》糸と緯《よこ》糸の色が違うので、
光の具合で微妙なニュアンスが。
半幅帯で気軽なお出かけに。

●保多織薄地無地　¥10,500（仕立代別）
●紬地染半幅帯　●保多織バッグ（作・大野ユミコ）
畳表付右近下駄（鼻緒・麻）¥18,600

手織りならではの繊細な柄の久《く》留《る》米《め》絣《がすり》に
クールな八寸帯を合わせて。
ビビッドな色の帯締めがポイントです。

●手織久留米絣
●手織八寸名古屋帯　￥63,000（仕立代別）
●本革メッシュバッグ
●塗右近下駄（鼻緒・保多織）￥13,650

帯の型染めはkimono gallery 晏
オリジナルの“ボタドリ”柄。
詳しくは80ページをご覧ください。

●伊勢木綿　￥19,950（仕立代別）
●保多織型染め二部式帯　￥21,000(仕立上がり)

春

着物の地色と帯の柄の色を合わせました。
ビビッドな帯揚げの色が効いています。
たっぷり入るバッグでカジュアルに。

●川越唐桟平織　¥11,550（仕立代別）
●手織八寸名古屋帯
●綿裂織バッグ（作・いわもとあきこ）¥15,750
●舟形下駄（鼻緒・本天）¥10,900

ピンクの格子の着物に若草色の帯で春を満喫。
大好きなデザイナー・ランドラのバッグで。
帯留めもビーズです。

●保多織薄地柄物　¥10,500（仕立代別）
●ぜんまい入紬地九寸名古屋帯¥52,500（仕立上がり）
●ビーズ帯留め（作・篠原美知子）
●綿バティックにビーズをほどこしたバッグ（デザイン・ランドラ）
●舟形下駄（鼻緒・イタリア製ベロア）¥16,000

春

シンプルなドット柄の久留米絣を、
パステルカラーの帯や小物でポップに。
帯留めも毛糸のブローチです。

●機械織久留米絣　￥21,000（仕立代別）
●手織八寸名古屋帯　￥63,000（仕立代別）
●保多織バッグ（作・大野ユミコ）
●新千両型下駄（鼻緒・綿生地）￥12,500

明るいアイボリーの着物に、にぎやかな
キャンディカラーのバティック帯。
バッグの赤と下駄の前ツボがリンクしています。

- 保多織薄地無地　¥10,500（仕立代別）
- 綿バティック名古屋帯
- 綿裂織バッグ（作・いわもとあきこ）¥16,800
- 神代杉右近下駄（鼻緒・保多織）¥11,500

春

細かいシボが肌に心地よい銚《ちょう》子《し》縮《ちぢみ》。
涼しげな麻帯を合わせて夏を先取り。
帯締めと籠の巾着の色を合わせました。

●銚子縮
●麻八寸名古屋帯　￥29,500（仕立代別）
●麻布巾着付籠　￥6,090
●夏草履　￥31,500

淡いグリーンの川唐に、
絽《ろ》紬《つむぎ》の染め帯を合わせて初夏の装い。
あやめの柄は5月から6月限定のぜいたくなおしゃれ。

- 川越唐桟平織
- 絽紬地九寸染名古屋帯
- アタバッグ
- 夏草履　¥31,500
- 紐付トンボ玉帯留め　¥14,700

春

チェックの片貝木綿《かたがいもめん》に
幾何学模様の麻帯でモダンな着こなしを。
お気に入りのバッグはイタリア製。

●片貝木綿
●麻八寸名古屋帯
●籠バッグ
●畳表付右近下駄　￥16,500

手紡糸草木染《てぼうしくさきぞめ》手織りの出雲絣《いずもがすり》は
付下げ風に飛んだ柄付け。
紅型《びんがた》の帯が南国の風を
感じさせてくれます。

●手織出雲絣
●麻地九寸紅型染名古屋帯

春と秋こそもめんの季節

もめん着物のハイシーズン

一般的に、もめん着物は単衣《ひとえ》で仕立てます。普段着ですから洗濯が楽なように、というのが主な理由ですが、絹物、とくに正装のルールでは、単衣は6月と9月とされています。でも、もめん着物はあくまでカジュアルファッション。堅苦しいルールにこだわる必要はありません。工夫次第で1年中着回すことができます。

とはいえ、やはりそのハイシーズンは春と秋、ということになるでしょう。まずは8ページから17ページまで、春から初夏にかけてのコーディネイトをご紹介しました。34ページから43ページにかけては秋むきのコーディネイトをご紹介しています。

もめん着物は基本的には織りの着物ですから、縞や格子、絣《かすり》などの幾何学的な模様が多く、季節感を表すなら色合わせ、帯、小物、質感で工夫することになります。ご紹介したコーディネイトで特に季節を限定したものは少ないですが、春バージョンとしては、ピンクや若草色、さわやかなブルーなどをあしらって、うきうきとした楽しい気分を演出してみました。そして秋バージョンではこっくりとした色目と、ほっこりした質感で、落ち着いた暖かい雰囲気を意識しています。たとえば、9ページと37ページは同じ保多織の無地ですが、春は紬《つむぎ》地の半幅帯で軽やかに、秋はしっかりした洋服生地のもめん名古屋帯で着分けてみました。

ゴールデンウィークが明ければ、夏を思わせるような暑い日になることも多くなります。夏向きの綿麻《めんあさ》やしじらの着物でも、透けないものなら5月から9月いっぱい着られます。5月後半からは麻や絽《ろ》の夏帯も使えます。16ページの帯は絽紬ですが、あやめの柄ですから7月以降にはもう遅いですね。5月、6月だけのぜいたくな季節限定帯です。帯揚げや帯締めも軽やかなものに変えて、季節を先取りしてしまいましょう。

一口にもめんといっても、織物によってその質感はさまざまです。たとえば久留米絣や伊勢木綿《いせもめん》はやや厚地のほっこりとした風合いを持っていますし、川越唐《かわごえとう》桟《ざん》や薩摩絣《さつまがすり》は糸が細く、すべすべした手触りが特徴です。保多織や片貝木綿、阿波《あわ》しじらなどは特殊な織り方をしていますので、肌触りがさらっとしています。また、片貝木綿には76ページでご紹介しているように、後染《あとぞ》めの小紋のような珍しいものもあります。まだ肌寒い春先から、夏を思わせるような蒸し暑い日まで、その日の天候や気候に合わせて着分けるのがいいでしょう。また、こうした織物ごとの特徴は、巻末で詳しくご紹介しています。

気候に合わせた着こなしの工夫

春から初夏にかけては気温の変動が激しいので、下着や上物の工夫で調節しましょう。重いコートを手放せたけどまだ肌寒い春先には、やはり絹の襦袢《じゅばん》が暖かい。モスリンの襦袢もいいですね。

花見の季節などはまだ冷え込むことがあるので軽めのストールは必須ですが、もめん着物には洋服用のパシュミナや、エスニックなタイやインドのシルクなどもよく合います。ニットのケープやポンチョだって大丈夫。思い切ったコーディネイトができるのも、もめん着物の楽しさです。

また、48ページと73ページで保多織の羽織をご紹介していますが、どちらも単衣で仕立ててあります。単衣の羽織は、春先や秋のちょっと肌寒い日に羽織るにはとてもいいものです。もめんなら改まりすぎず、ジャケットやカーディガンの感覚で気軽に着られますし、着たとき、脱いだときの印象の変化が楽しく、コーディネイトのし甲斐《がい》があります。もちろん保多織以外の生地でもできますが、保多織は反物売りでなく、メートル売りなので、生地に無駄が出ないのがうれしいところです。

もめん着物の半衿は？

カジュアルなもめん着物ですから、半衿もいろいろに楽しめます。かといって、質感からいっても着物の格からいっても、ちりめんや豪華な刺繍《ししゅう》は大げさで野暮ったくなる可能性があります。オーソドックスにいくなら塩瀬《しおぜ》がいいでしょう。本書のコーディネイトではほとんど色柄物の半衿は使っていませんが、保多織の白半衿を多く使っています。塩瀬よりもマットな質感で、もめん着物に良く合います。肌触りも通気もいいので、真夏でも使えます。なにしろもめんですから繰り返し洗濯できますし、もちろん色柄物でも作れます。

ところで、本書で唯一柄半衿を使っているのが80ページのコーディネイト。これは白地の保多織に〝ボタドリ〟を型染めしたもの。色柄違いもあります。

最近は手ぬぐいを半衿に使う人も増えているようですが、質感がもめん着物にぴったりですね。ほかにもUSコットンやリバティプリントなどでポップに、バティックなどの端《はぎ》切れでエスニック調にと、いろいろな楽しみ方ができます。

夏

季節を楽しむコーディネイト

サッカー地のような肌触りが
さらりと心地よい阿波《あわ》しじら。
トロピカルな柄の生紬《なまつむぎ》の帯で夏を元気に。

高温多湿の日本の夏には、もめんと麻が大活躍。
もめんもしじらや保多織なら肌にさらさら心地いい。
たっぷり汗をかいてもじゃぶじゃぶ洗濯できるから、
気にせず臆せず着物で出かけましょう。

- 阿波しじら　￥9,800(仕立代別)
- 生紬地九寸染名古屋帯
- タイ籐バッグ　￥14,700
- 畳表付右近下駄（鼻緒・麻）￥15,500
- 紐付トンボ玉帯留め　￥14,700

“夏川唐”とも呼ばれるしじら織りの川越唐桟。
シックな色目に帯・バッグ・下駄の赤で
かわいらしさもプラス。

- 川越唐桟しじら
- 博多織半幅帯
- アタバッグ
- みがき舟形下駄（鼻緒・本天）￥10,900

もめん襦袢のススメ

微妙な季節の絶妙な下着

最近の不安定な気候では、4月に汗ばむほど気温が上がったり、10月に入ってもまだ夏日になることがあります。そういう時期にとても有効なのがもめんの襦袢。胴だけ晒《さら》しもめんで、袖と裾よけが別になったいわゆる「うそつき」の既製品もありますが、kimono gallery 晏では保多織で襦袢も作っています。

　保多織はkimono gallery 晏のもっとも得意とする香川県特産のもめん織物。厚地、中厚地、薄地、60双と4種類あり、長着や帯はもちろん、コートや足袋から下着まで用途によって使い分けられます。緯《よこ》糸を3本おきに浮かせるという独特の織り方なので表面に微妙な凹凸があり、空気を含むため冬は暖かく、夏場は肌にべとつかないという長所があります。また、木綿織物には珍しく白生地があり、なおかつ反物売りでなくメートル売り、反物幅だけでなくヤール幅もあるという幅広さ。こうした特徴を生かして、湯文字《ゆもじ》やステテコから、長襦袢、半襦袢、半衿に至るまで作ることができるのです。

　丈夫で縮みも少ないので、半衿をつけたままじゃぶじゃぶ洗えますからいつもさっぱり、清潔です。写真上は胴を保多織の白生地、袖をkimono gallery 晏オリジナルの〝ボタドリ〟型染めで作った「うそつき（半襦袢）」です（〝ボタドリ〟グッズについては80ページからご紹介しています）。このように袖だけ柄物で作り、付け替えて楽しむこともできますし、色柄物で長襦袢を作ることもできます。また、保多織のステテコも快適。保多織のうそつき、ステテコ、キュプラの裾よけのセットなら、裾さばきもよく、汗もよく吸ってくれるので、麻や絽の襦袢にはまだちょっと早い（またはもう遅い）春後半、秋前半にはとても有効です。また、ステテコは冬場とても暖かいので、一度使うと1年中手放せないというファンが多いのです。

お肌にもお財布にも優しい夏襦袢

夏の襦袢の代表的な素材は麻。何と言っても涼しいのは麻でしょう。ただし敏感肌の人ですと、すれて肌を傷めてしまうことがあります。夏は絹の絽が一番涼しいという人もいますが、ひんぱんに洗濯できないのが難点。夏の高級襦袢地として知られる海島綿《かいとうめん》は、もめんとしては高価です。安価なポリエステルの絽もありますが、汗をかくとべたつきやすいという声も。保多織の襦袢は真夏には少々暑いですが、綿絽《めんろ》や綿紅梅《めんこうばい》

夏

上：ボタドリ柄で袖を作った保多織の半襦袢。
下：夏に便利なレース袖のもめん半襦袢。

の白生地でも襦袢が作れるそうです。比較的安価で肌触りも良く、白生地なので麻や絽の透ける着物にも使えますし、もめんですから汗をかくたび洗えます。肌に一番近いものだからこそ、やっぱり自然素材でなおかつ清潔に保てるのがいいですね。

なお、化学繊維とはいっても、スポーツ衣料の研究から生まれた新素材や、竹の繊維を織り込んだレーヨンなど、夏襦袢の素材は新しいものがどんどん開発されているようです。夏を着物で快適に過ごすために、研究開発が進むことは大歓迎ですね。

猛暑到来、襦袢は省略！

襦袢を省略するといっても、素肌に着物を着たのでは、汗で貼り付いたり色落ちしたりしますから、ゆかた用のスリップを着ます。そしていわゆる「美容衿《びようえり》」をつけてしまえばそれなりにきちんと見えます。また、写真下のように胴は晒し、袖は綿レースの半襦袢もなかなか快適。袖が重ならない分涼しいのです。

ただし、これらの裏ワザは、絽や麻、紅梅などの透ける着物には不向きです。そういう素材の場合はやっぱりきちんと白の襦袢を着るしかないですね。

でもやっぱり、もめん・麻着物の最終的な強みは洗濯できること。絹を着るときは、汗染《あせじ》みを防ぐために暑い上にも暑い汗とり襦袢を着たりしますが、そればっかりはしなくてすみます。じゃんじゃん汗をかいて、じゃぶじゃぶ洗濯する、夏の着物はそれが一番かもしれません。

夏の日差しをはね返す、明るい色目の阿波しじら。
麻の半幅帯で涼しげに出かけましょう。

●阿波しじら　￥9,800（仕立代別）
●麻半幅帯　￥27,300　●綿麻バッグ　￥10,500
●塗右近下駄（鼻緒・保多織）￥12,900

夏

裏表別柄に染めた保多織のゆかた。
裏は縞です。衿付きにすると
昼着としても着られます。

藍染めの琉球《りゅうきゅう》木綿《もめん》に麻の
八寸帯をきりりと締めて。
帯留めの赤が効いています。

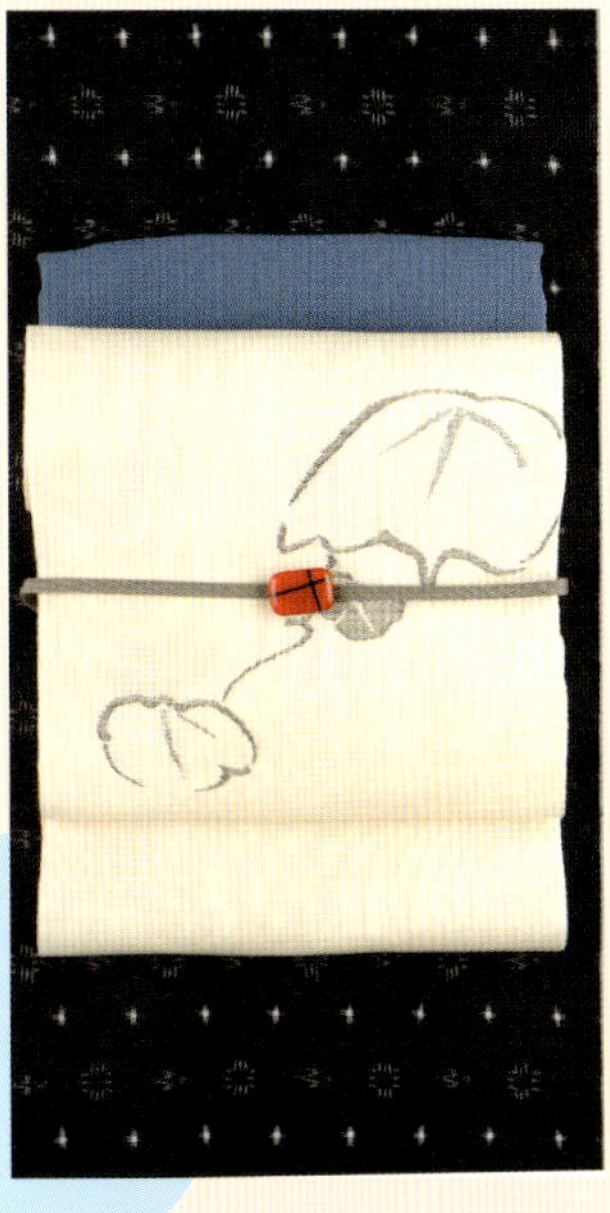

- 保多織両面染ゆかた　￥29,400（仕立代別）
- 麻九寸染名古屋帯
- 麻バッグ　￥10,500
- みがき舟形下駄（鼻緒・麻）￥15,500

- 本琉球木綿
- 麻八寸名古屋帯　￥29,500（仕立代別）
- ガラス帯留め（作・あかしゆりこ）￥3,570

麻着物の魅力

麻の着物で夏を楽しむ

麻の着物は夏だけの楽しみです。透け感と、肌に貼り付かないさらさらの手触りが、高温多湿の日本では特に愛用されてきました。麻の繊維を爪で細かく裂き、苧《お》績《う》みという作業で糸を作り、平織りで織り上げた麻の着物は「上布《じょうふ》」と呼ばれ、沖縄の八重山《やえやま》上布、宮古《みやこ》上布、越後《えちご》上布、能登《のと》上布などがありますが、これらは今では重要無形文化財として、衣服としては手の届かない美術品のような存在になってしまいました。

新潟県の小千谷《おぢや》市で作られる小千谷縮《おぢやちぢみ》は、手績《う》み手織りのものこそ重要無形文化財ですが、苧麻《ちょま》の紡績糸を使い、化学染料、機械織りなどで価格をおさえたものが一般的で、手軽に買える麻着物として人気です。縞や無地のものなら一反4、5万円台で手に入れることができます。28、29、32、61ページの着物が小千谷縮です。28、61ページは縞、29、32ページのものは絣です。

小千谷縮の最大の特徴は表面のシボ。緯《よこ》糸に強い撚《よ》りをかけて織り上げ、湯もみをすることでこの独特のシボが生まれます。ただでさえさらさらの麻が、このシボのおかげでクレープ状の肌触りになります。

33ページの着物はこのシボがない平麻《ひらあさ》の絣です。より薄く、張りがあります。近頃ではこういったものはあまり見られなくなりました。

麻着物・使用上の注意

麻は着物自体が非常に薄く、透けるので、下着には注意が必要です。麻絽の白無地の長襦袢が最も適しています。ステテコなどは光線の具合で透けて見えることがありますから要注意。

通気がいいので汗をかいてもすぐ乾きます。家で洗濯できるのもいいところ。汗を気にせずどんどん着て、じゃぶじゃぶ洗えばいつもさっぱり。最初はぱりぱりと、あまり体に添ってくれないのですが、何度も洗濯するうちにだんだん体になじんできます。ただし、丈はやや縮みます。男物や長襦袢は要注意。長襦袢は少し長めに仕立てて、腰をつまんでおくといいかもしれません。

また、麻の着物はしわが気になるという人もいますが、ある意味麻の美しさはしわの美しさ。それほど気にしなくていいと思います。畳みじわなどは霧を吹いて軽く叩き、10分もすれば消えてしまいます。出先でのしわが気になるなら、小さな霧吹きを持っていけば、しゅっとひと吹きで簡単に消せます。季節の終わりには必ず洗濯して。半年間はしまっておくので、カビ防止のためには糊をつけないほうがいいでしょう。

長く着られる綿麻着物

小千谷縮など麻１００％のものは、純粋な夏着物です。6、7、8月だけの着物といっていいでしょう。ところで小千谷では、同じ技法を使って綿麻混紡の縮が作られています。同じようなシボがあり、さらりとした肌触りで、しかも麻１００％より柔らかい。透けないので5月の暑い日にはもう着られます。もちろん真夏もオーケーですし、9月いっぱいは着ることができるので、そういう意味ではお買い得。価格も4、5万円のものが中心です。写真では28ページの反物と、60ページの着物が綿麻です。

また、ゆかたにも綿麻地のものがあります。一般的なコーマ地のものより張りがあり、さらっとしています。生地にニュアンスがあり、衿付きで着物として着るのにも適しています。

綿麻縮、綿麻ゆかたとも、もちろん洗濯できますが、縮むのも同じこと。ていねいに手洗い、陰干しが基本です。

さっぱりしゃっきり麻の帯

ざっくりした手触りに清涼感がある麻の帯は、さわやかでいいものです。帯なら5月の後半から使えます。麻帯には帯芯を入れる薄地の染め帯と八寸帯がありますが、真夏は帯芯のない八寸帯が涼しくて快適。写真では15、17ページの着物と、25ページの反物に合わせた帯が麻の八寸。17ページの反物と25、29ページの着物に合わせたのが麻地の九寸帯です。29ページの帯はあこがれの八重山上布です。

また、24ページと33ページの着物に合わせたのは麻の半幅帯。締めやすく、クールな手触りです。

小物も麻で

麻製の小物もいろいろあります。25、28ページの下駄には麻の鼻緒をすげました。見た目も清涼感があります。麻の半衿もしゃっきりしていいものです。バッグも25ページのものは麻製、24ページの手提げは綿麻です。草履もパナマやマニラ麻のものがあり、夏の履き物としては最高のものです。もちろん絹物にも使えます。麻こそ夏の楽しみ。さわやかに、快適に装いましょう。

真夏はやっぱり麻の季節。
透け感が涼しげなグレーの小千谷縮に
蛍柄の紗紬《しゃつむぎ》帯で季節感満載です。

麻素材でも綿麻ですと、
涼しい割にあまり透けないので
初夏から初秋まで
長い期間着られます。

●小千谷縮
●紗紬地九寸染名古屋帯
●タイ籐バッグ　￥14,700
●畳表付右近下駄（鼻緒・麻）￥18,600

●綿麻縮　￥43,000（仕立代別）
●草木染手織八重山みんさー半幅帯　￥26,250

夏

トンボと薄《すすき》を織り出した小千谷縮に、
麻織物の最高峰・八重山上布の帯。
帯とバッグの色がよく合いました。

●小千谷縮
●八重山上布九寸名古屋帯
●本革メッシュバッグ
●夏草履　￥31,500

盛夏に涼しく着る工夫

肌にさらりと通気を良く

Tシャツ1枚でいたって暑いときは暑い。衣服は肌に貼り付くほど暑いものです。インドなど猛烈に暑い地域では、むしろゆったりした長袖のシャツを着るそうです。日差しから肌を守り、服の中に風を通すようにしたほうが涼しいのだとか。着物も同じ。肌に貼り付かない素材で、たもとや胸元に風が入れば、ヘタな洋服より涼しく過ごせます。

着物としては麻が代表的ですが、20、21、24ページでご紹介しているもめんの阿波しじらや川唐のしじらは表面に細かいシボがあり、肌触りはバツグンです。襦袢や衿を省略して、ゆかたとして着ることもできます。また、25ページでご紹介している保多織は、白生地に藍染めをほどこしたゆかたです。衿付きのおしゃれめなコーディネイトをしましたが、もちろんゆかたとしてラフに着こなすのもステキです。

帯も小物もメッシュ、メッシュ

襦袢については前項で詳しく述べましたが、帯や小物も工夫の余地があります。帯はやはり帯芯の入ったものはそのぶん暑い。麻や羅《ら》、紗献上《しゃけんじょう》などの八寸帯のほうが見た目も涼しげです。また、半幅帯なら帯枕も帯揚げも帯締めもいりませんから楽ちんです。おおいに活用しましょう。

帯板もメッシュの薄手のものが通気がよく、熱気があまりこもりません。差し込み式の衿芯もメッシュのものがあります。帯枕は、ヘチマのたわしやスポンジをガーゼで巻いて使うといくぶん涼しいです。伊達締め《だてじめ》も芯のない薄手のものにして、襦袢には省略するなど、紐の数も減らしてしまいます。

胸の豊かな人は和装ブラで胸を押さえていることが多いと思いますが、あれがまた暑いし、透けも気になります。速乾性のスポーツブラを使うか、いっそ晒《さら》しでぐるぐる巻きにしてしまうのも快適です。肩から上はビスチェ状で素肌だし、晒しは汗を吸ってくれるし、補正代わりにもなります。上のほうをきつく巻いて、端を挟み込むだけでもいいですが、不安なら安全ピンで留めて。

足下は麻の足袋が実に快適。写真ではわかりにくいかもしれませんが、ざっくりして、やや生成《きなり》っぽい色です。晒し裏のキャラコでもいいけれど、麻をはいてみるとその通気性の良さには驚くほど。もともとしわっぽい素材なので、多少のしわは気にしなくても大丈夫。

また、メッシュやレースの足袋ソックスも、かわいらしくて涼しげです。

麻の足袋。通気がよく、蒸れない。
真夏には欠かせないアイテム。

見た目も涼しさのうち

本人の涼しさも重要ですが、人から涼しげに見えることも大事です。暑いからといって衣紋《えもん》を抜きすぎたり、胸元がだらしなくはだけていたりすると、見た目からして暑苦しく感じます。暑いときこそきりっとしゃきっと決めたいもの。衿元をきちっと合わせ、半衿も細めに出したほうがむしろ涼やか。髪も小さくまとめて衿足をすっきり見せると小粋です。

履き物はそれほど季節を問いませんが、下駄でも夏は麻やもめんの鼻緒が涼しげ。パナマや麻の夏草履なら、ちょっと上等なおしゃれになります。バッグも麻やメッシュ、籐やアタの籠が夏らしく、持って歩く当人も気持ちがいいものです。扇子やうちわも必須アイテム。袖口から風を送ればすーっと汗が引いていきます。それから、炎天下には日傘がとても有効。サングラス効果もあります。それに、和服に日傘を差すと、それだけでぐんと着姿が美しくなるような気がしませんか？背筋を伸ばしてさっそうと歩きましょう。

夏から着物を始めましょう

かつて夏は着物を着る人がとても少なくなっていました。暑いし、夏の絹物は手入れが大変、というのがその理由。でも最近はまずゆかたから着物に興味を持つ人が女性のみならず、男性にも増えています。ゆかたで慣れてしまえば、麻やもめんの着物にステップアップするのは簡単。単衣だし、お値段も手頃だし、着付けも手入れも簡単だし、上手にセレクトすれば5月頃から秋口まで、半年近くも楽しめます。初めての着物が夏着物、という人が、これから増えてくるかもしれませんね。

ピンクの絣柄がかわいい小千谷縮。
優雅な染帯でよそゆきのコーディネイトです。

●小千谷縮
●絽九寸染名古屋帯
●綿麻バッグ　¥10,500
●夏草履　¥31,500

夏

シボのない平織りの麻着物。
真夏の日差しに負けない、
元気な赤と青の配色に下駄の色も合わせました。

●平麻
●麻半幅帯
●新千両型下駄（鼻緒・綿生地）￥12,500

季節を楽しむコーディネイト 秋

秋こそ着物の季節本番です。
暑さの残る初秋から、少し肌寒く感じる頃まで、
春よりも少し落ち着いた色目と、ほっこりした素材で
季節感のあるコーディネイトを集めました。

秋らしい色目の保多織に、
プリントコットンの帯を合わせて。
ソープストーンの帯留めは馬の形です。

- 保多織薄地柄物　￥10,500（仕立代別）
- 綿名古屋帯　￥21,000（仕立上がり）
- 網代バッグ　￥42,000
- 舟型下駄（鼻緒・イタリア製ベロア）￥16,500
- ソープストーン帯留め（作・三島恵子）

シンプルな色合いのバティック帯が
落ち着いた印象。
帯揚げとバッグの色を合わせてみました。

●保多織薄地柄物　¥10,500（仕立代別）
●綿バティック名古屋帯
●本革メッシュバッグ　¥30,450
●畳表付右近下駄（鼻緒・イタリア製ベロア）　¥19,200
●ソープストーン帯留め（作・三島恵子）

藍の濃淡が粋な川越唐桟。
ブルーを基調にした中に、
帯留めとバッグの色で秋らしさを添えて。

●草木染川越唐桟
●信州紬半幅帯　￥30,000
●綿バティックにビーズを施したバッグ（デザイン・ランドラ）
●ソープストーン帯留め（作・三島恵子）
●畳表付右近下駄（鼻緒・イタリア製ベロア）　￥19,200

秋

9ページに登場した保多織の秋バージョン。
洋服地で作った帯と、
ボタドリ柄の鼻緒で楽しく。

●保多織薄地無地　￥10,500（仕立代別）
●綿名古屋帯　￥21,000（仕立上がり）
●ボタドリ柄がま口（作・大野ユミコ）
●神代杉右近下駄（鼻緒・ボタドリ）￥12,600

藍の弓浜絣《ゆみはまがすり》はカブを引くネズミの柄がユーモラス。
同系色でまとめた中に、
バッグの黄色が効いています。

●弓浜絣
●土佐手紡糸手織綿八寸帯
●保多織バッグ（作・大野ユミコ）
●塗右近下駄（鼻緒・保多織）￥12,900

秋

格子の片貝木綿に洋服地で作った帯。
バッグもストライプとすべて幾何学模様の
モダンなコーディネイト。

●片貝木綿
●綿名古屋帯　¥21,000（仕立上がり）
●綿裂織バッグ（作・いわもとあきこ）¥16,800
●畳表付右近下駄（鼻緒・本天）¥16,500

秋にはショールが便利です。
絹保多織は手織りでふわっと柔らか。
ボタドリの帯留めをあしらいました。

●保多織薄地柄物　￥10,500（仕立代別）

●紬地九寸名古屋帯

●絹保多織手織ショール

●塗舟形下駄（鼻緒・イタリア製ベロア）　￥16,500

●ボタドリ帯留め（作・大野ユミコ）

秋

実は38ページの弓浜絣と色違いの同柄。
色目と縦縞でまったく違った印象に。
全体の色合いで秋の深まりを表現。

●弓浜絣
●紬地染九寸名古屋帯
●本革メッシュバッグ
●畳表付右近下駄（鼻緒・綿バティック）　¥19,800

極細の綿糸で織られる綿薩摩《めんさつま》は
とてもしなやか。甘めの地色と
渋い無地帯が絶妙のハーモニー。

●綿薩摩
●手織無地八寸名古屋帯

二種類以上の素材を混紡した織物を
グンポウといいます。こちらは綿と和紙。
ざっくりした手触りが独特です。

●紙布グンポウ（綿経糸・手すき和紙緯糸）
●無地八寸名古屋帯

秋

越前地方の手織り草木染着物。
やや厚地のしっかりした生地。
絹保多織の帯も手織りです。

●越前石田縞
●絹保多織八寸名古屋帯　￥116,000

手紡糸、手織り同士の組み合わせ。
手織りならではの
ほっこりとした風合いです。

●永井博子作手紡糸手織綿織物
●土佐手紡糸手織八寸帯

冬

季節を楽しむコーディネイト

双子織《ふたこおり》の川唐の下に縞の保多織を重ね着。
衿は伊達衿ふうにちょっとのぞかせて。
暖かさはバツグンです。

単衣で仕立てることが多いもめん着物でも、上着や下着の工夫で冬も暖かく着られます。重ね着したり、羽織を着たり、マフラーを巻いたりカジュアルなもめんならではの冒険が楽しめます。

●川越唐桟双子織十保多織60双柄物
●紬地八寸名古屋帯
●シルクバティックキルティングバッグ（デザイン・ランドラ）
●塗右近下駄（鼻緒・保多織）　￥13,650

男物を仕立て直した村山大島《むらやまおおしま》の羽織。
軽くて合わせやすくて大活躍。
やや厚手の伊勢木綿と合わせて寒さ知らず。

●伊勢木綿
●博多織半幅帯
●村山大島羽織
●塗舟形下駄（鼻緒・イタリア製ベロア）　¥16,500

中厚の保多織は、無地でも経緯《たてよこ》色違いの糸で
織られていて、微妙なニュアンスがあります。
絹の羽織でエレガントに。

●保多織中厚地　￥15,750（仕立代別）
●染小紋絹羽織
●シルクサリー二部式名古屋帯
●網代バッグ　￥42,000
●畳表付右近下駄（鼻緒・綿バティック）￥19,800

冬

こちらは男物。右ページの着物とご夫婦のイメージです。
つるっとした川唐に
ざっくりした保多織中厚地の羽織を合わせて。

●川越唐桟広幅平織（呉服　笠間）
●保多織中厚地羽織　￥24,255（肩当代・仕立代込み）
●博多角帯　￥24,150
●紬地巾着
●男物下駄（鼻緒・本天）￥15,500

今度は絹の着物に木綿の羽織を合わせてみました。
保多織中厚地の羽織はとてもあったか。
羽織つきでもカジュアルな印象です。

●信州紬無地袷

●保多織中厚地羽織　￥24,255（肩当代・仕立代込み）

●絹半幅帯　￥26,250

●綿バティックにビーズを施したバッグ（デザイン・ランドラ）

●舟型下駄（鼻緒・イタリア製ベロア）　￥16,000

冬

藍の鰹縞《かつおじま》に藍の手織り絣の帯。
ほっこりと暖かい手触りです。
帯留めと帯揚げの色を合わせて。

●広瀬絣
●弓浜絣九寸名古屋帯
●ソープストーン帯留め（作・三島恵子）

クールな色目ですが、手織りの弓浜絣と
ぜんまい紬の帯はふわっと柔らか。
うっすらつもった雪景色のように。

●弓浜絣
●ぜんまい入り紬地九寸名古屋帯　￥49,800（仕立上がり）

冬ももめんで暖かく

下着・上着で完璧防寒

もめん着物のお仕立ては、単衣のほうがいいですよとお勧めすると、「冬に着られないんじゃないですか」という質問がよく返ってきます。たしかに絹の袷《あわせ》に較べれば暖かさは劣りますが、着られないということはありません。むしろコートや羽織でガードすれば、暖房の効いた室内では快適なくらいです。絹やモスリンの襦袢を着て、さらにその下に暖かなシャツを着たり、下半身にはステテコやスパッツをはけば、防寒対策は完璧です。足袋もネル裏のものが暖か。ワンサイズ大きい足袋やストレッチ足袋の中に、足袋ソックスをはくのも有効です。

　上着は室内でも脱ぐ必要のない羽織が便利です。もめんに絹物を合わせてもいいの？　という疑問もよく聞きますが、別に何の問題もありません。実際にコーディネイトをご覧ください。45ページでは村山大島、46ページでは小紋の羽織を合わせてみました。48ページでは逆に紬の袷にもめんの羽織を合わせています。中厚地の保多織なのでとても暖か。特に紬ともめんはともにカジュアル着として相性がいいんです。衿元にマフラーを巻いて、長めの手袋をすれば寒さ知らずです。

単衣を重ね着してみよう

冬のもめんの着方として、ご提案したいのが重ね着です。44ページでは下に保多織の縞、上に無地の川唐双子織を重ねました。衿、上前、裾周りに少しだけ下の着物を見せています。上下逆のコーディネイトもよく合います。歌舞伎役者がよく花柄に縞の着物を重ねたり、楽屋着の下にゆかたをのぞかせていたりするのをヒントにしました。男物や対丈《ついたけ》だと簡単なのですが、おはしょりがある場合は少々コツがいります。まず2枚の袖丈・身丈が合っていることが条件。下の着物を着て、両袖をきゅっと引いて背中心を合わせます。それから上の着物を着て同じように合わせ、たもとや袖口を整えます。大きいクリップで後ろ衿がずれないように襦袢に止め、上の着物を少し引き上げ気味にして、裾の出し方を決めます。下の着物があまり出過ぎてもおかしいので、ここが少々難しい。下の裾がまったく出なくても、それはそれで構いません。上前は下の着物が5ミリから1センチ程度出るようにして、斜めにずれないようにまっすぐに合わせてください。裾位置が決まって腰紐を締めたら、胸元はほんの5ミリくらい、下の衿を伊達衿ふうに出してください。ここでもあんまり下が出過ぎるとくどくなります。

おはしょりの下前は中で折りあげないともっこりしてしまいます。重ね着には薄手の川唐や保多織が向いています。無地のものが一枚あるとコーディネイトがしやすいですね。また、広衿よりもばち衿のほうがやりやすいようです。

あえて袷に仕立ててみる

ここまでもめん着物は単衣でお仕立てすることをお勧めしてきましたが、それはフルシーズン着回せることと、自分で洗えるという理由からです。でも、kimono gallery 晏のお客様のアンケートでも、ご自分で洗うという方は半数くらい。ドライクリーニングに出す方が多いようです。ドライクリーニングに出すのであれば、あえて冬用に袷で仕立てるのもいいかもしれません。本書に取り上げた着物の中で袷のもめんは56ページの男物の川唐です。正絹の裏がついています。やや重くはなりますが、暖かいし、しわにもなりにくいので快適です。もめん着物はしわが気になる、という方はお試しください。着物をあつらえるときの八掛《はっかけ》選びも楽しみのひとつです。ただし、ものによっては裏地のほうが高くついてしまうことがありますし、仕立代も少々アップしますけれども。

リバーシブル着物もできます

80ページの着物をご覧ください。これは保多織の無地をリバーシブルに仕立てたものです。25ページの「両面ゆかた」とは違って、すべて突き合わせに仕立て、裏返して両面を着られるようにできています。写真で表になっているほうは保多織の60双の白生地を別注で染めたもの、裏になっているほうは9ページ、37ページの薄地無地の保多織です。

同じ保多織で作りましたが、収縮率は微妙に違う可能性もあり、洗濯はドライクリーニングをお勧めします。2枚重ねと同じですからとても暖か。片面を柄物で作るのも楽しいですね。保多織は薄手で軽いので、こんな冒険もできます。今のところkimono gallery 晏では、保多織以外のリバーシブルを作ったことはありません。違う織物同士や、もっと厚手のものですと、収縮率や着心地に問題が出るかもしれません。

このように、もめん着物には工夫次第でまだまだいろいろな可能性が秘められています。みなさんなりの工夫をぜひkimono gallery 晏までお知らせいただけたら幸いです。

男もすなるもめん着物

着物に興味を持つ男性が増えてきた今日この頃。
お手頃値段で丈夫なもめん着物は入門用に最適です。
色柄豊富な川越唐桟と保多織は、男性ファン急増中。

男の着物入門にぴったりな保多織の単衣。
紺の半衿と角帯できりっといなせに。

●保多織薄地柄物　￥10,500（仕立代別）
●博多角帯　¥24,150
●紬地巾着
●男物下駄（鼻緒・綿麻生地）￥15,500

マットな保多織に、すべすべした川唐の袴。
質感の違いも楽しいコラボレーション。

●保多織薄地無地　￥10,500（仕立代別）
●川越唐桟広幅平織袴（呉服　笠間）
●紬地巾着

男の着物入門

まずはもめんで始めてみよう

kimono gallery　晏にもずいぶん男性のお客様が増えてきました。初めは作務衣《さむえ》などのご注文が多かったのですが、近頃は保多織や川唐などの手頃なものから、紬のアンサンブルなど、お若い方からもご注文があります。男性の着物ファンは着実に増えているようです。

女性もそうですが、最初にゆかたを着てみて、さあ、本格的に着物を着てみようと思ったとき、まず試してみるのはリサイクル着物という方が多いのではないでしょうか。たしかに手頃な値段で絹物が買えたりしますが、問題はサイズ。女性の場合、おはしょりがありますから、ある程度身丈の調節は可能ですが、男性の場合は対丈なので、リサイクルやアンティークでジャストサイズの着物を見つけるのはなかなか難しいのではないでしょうか。

そこでお勧めしたいのがもめんです。保多織や川唐の単衣なら、３万円程度でオーダーメイドの新品を手に入れることができるのです。男性向きの色柄も豊富にありますし、川唐には広幅、保多織の中厚にはヤール幅もありますから、手足の長い方でも心配なく仕立てることができます。

スターターに必要なもの

男性のカジュアル着物は女性よりさらに自由度が高いと思います。じっさい、戦前の写真や映画を見ていますと、着物の下にスタンドカラーのシャツを着ていたり、インバネスという和洋兼用のコートを羽織ったり、ソフトやカンカン帽をかぶっていたり。金田一耕助《きんだいちこうすけ》はチューリップハットがトレードマークだし、有名な坂本《さかもと》龍馬《りょうま》の写真に至っては、足下はブーツをはいています。それがまたかっこいい。

最初はあまり上から下までびしっとそろえなくても、洋服兼用でかまわないと思います。たとえば、下着は衿が見えないUネックのシャツとステテコで、ゆかたやもめんの単衣だったら履き物はビーチサンダルやスポーツサンダルだってけっこうサマになります。車の運転をするなら、むしろかかと付のスポーツサンダルは必須です。和にこだわるなら、１０００円程度で売っているビニール製の雪駄《せった》や、二枚歯の下駄でも十分でしょう。帯も兵児帯《へこおび》なら簡単に締められます。

ただしそれでは、せいぜい花火大会か近所のお祭り程度。レストランデートや奥様の歌舞伎見物のお供はできません。きちんと見せるならまず角帯を締め、半

上：保多織の柄物で作った男物の長襦袢。
下：胴が晒し、袖は絹で作った男物半襦袢。

衿付の襦袢は必要です。写真下は胴が晒《さら》しで袖だけ絹の「うそつき」です。下はステテコでかまいません。これで足袋を履き、ちょっと上等な雪駄か下駄を履けば、立派に男のおしゃれ着物です。

暑さ寒さも工夫次第

夏場は男性の場合、素肌にゆかたを着たっていいのですからうらやましい話。では寒いときにはどうするか？　まずは長襦袢を着ます。写真上は保多織で作った長襦袢。淡いグリーンの縞で作りました。これは立派に着物として通用するものです。紺の保多織の半衿をつけてありますが、半衿をつけたまま洗濯機で洗うことができます。歌舞伎役者の楽屋写真などを見ますと、ゆかたの上に絹物を重ね着していたりします。これをまねしてゆかたに半衿をつけて襦袢として着てしまうのもいいかもしれません。

56ページの川唐は袷《あわせ》に仕立ててあります。絹の総裏ですからこれだけでじゅうぶん暖かい。さらには襦袢の下にラクダのシャツや股引《ももひき》をつけたって、着物がみんなカバーしてくれます。もっと崩して着てしまうなら、襦袢代わりにハイネックのシャツやタートルネックのセーターを着てもけっこうサマになります。また、衿元にマフラーを巻くだけでも飛躍的に暖かいものです。歌舞伎の世話物《せわもの》などでは、衿巻きに股引という町人スタイルがおなじみです。

足袋は白ですと汚れやすく、また正装っぽくなりますので、もめん着物には色足袋がいいでしょう。5本指ソックスや、足袋ソックス、または軍足（ホームセンターの作業着売り場で売っている）だってかまいません。いっそのことブーツをはいて坂本龍馬を気取るのもいいかもしれません。

着物と帯さえあればあとは手持ちでとりあえず何とかなってしまうのが男着物のいいところ。気軽に始めてみませんか？

もめんの袷も暖かくていいものです。
しわにもなりにくいので気軽に着て歩きましょう。

●川越唐桟草木染双子織袷（呉服　笠間）
●博多角帯　￥24,150
●本革メッシュ巾着　¥66,150

こちらは川唐の着物に保多織の袴を合わせました。
普段着っぽい袴で書生風に。

●川越唐桟広幅平織（呉服　笠間）
●保多織中厚地袴　¥43,050（仕立代込み）
●本革メッシュ付巾着　¥34,020
●男物下駄（鼻緒・本天）¥12,000

男の着物中級編

羽織でワンランクアップ

男着物では、着物と帯だけのスタイルは着流しといってもっともラフなスタイルです。羽織を着ればジャケット着用、さらに袴をつければスーツ着用といったところでしょうか。さりとてもめん着物はあくまでもカジュアルで、羽織袴でも礼装にはなりません。

でも、羽織は室内で脱ぐ必要もなく、寒い時期にはとてもいいものです。47ページでご紹介している男物の羽織は保多織の中厚地で作ったもの。ざっくりした手触りで暖かく、改まりすぎないのでおしゃれ用ジャケットとしてぴったりです。もちろん紬などの絹物にも合います。カジュアルが身上のもめんですから、羽織紐はさりげなく、大げさでないものがいいでしょう。

羽織と着物をそろいで作るアンサンブルもいいものです。そのまま着てもいいですし、着物と羽織をばらして、他のコーディネイトを楽しむこともできます。また、保多織や川唐には男女どちらでも着られる色柄が多いので、彼女や奥様とペアルックだって楽しめます。

さらに袴でステップアップ

53ページと57ページでは、それぞれ川唐、保多織で作った袴もご紹介しました。川唐のほうはズボンのように股のある馬乗《うまの》り袴、保多織のほうはスカート状の行灯《あんどん》袴です。ほかに裾をしぼった野袴《のばかま》という形もあります。水戸黄門のスタイルですね。いずれの形でもお仕立てできます。袴はよりコスプレ感が高く、目立ちますが、慣れると歩きやすくていいものです。着物上級者っぽいし、なんといっても日本の男がもっともかっこよく見えるスタイルだとは思いませんか？　絹の袴をあつらえるとなると、いささか構えてしまいますが、もめんなら比較的お手頃。まずは練習用に一枚いかがでしょう。

袴といってもあくまでもめんですから、カジュアルスタイルには違いありません。ここでは半衿を合わせていますが、いっそのことスタンドカラーのシャツを着て、金田一耕助か姿三四郎《すがたさんしろう》ふうに決めてみるのもかっこいいと思います。保多織のスタンドカラーシャツもオーダーできますので、お試しください。

粋にいなせに着るために

夏祭りや花火大会で、いかにも初心者の若い男性、前がはだけてしまったり、帯の位置が高すぎて子供みたいになってしまっているのを見かけることがあります。帯の位置は腰骨で決め、前下がりに締めるのが基本。前帯がおへその下に来るようにぐっと押し下げてやるといいでしょう。ある程度おなか周りに貫禄があるほうが、着物姿は決まります。やせ型の人はおなか周りにバスタオルや晒しを巻いて補正するという手もあります。

絹物はともかく、ゆかたやもめんは裄《ゆき》も身丈《みたけ》も短めのほうが粋です。ただし、もめんや麻は洗うとある程度縮みますので、お仕立ての際はよくお店と相談してください。女物は縮んでもおはしょりの調節ですみますが、対丈の男物はそうはいきません。最初は少々長めに仕立て、腰紐で調節するといいかもしれません。

歌舞伎役者などは舞台の上でするすると角帯一本で着て見せたりします。あれができれば上級者。慣れるまでは帯を締める前にしっかり腰紐を締めましょう。そのほうが着崩れの防止にもなります。

そして歩くときは背筋を伸ばし、腰は少々落とし気味にすると形がいいものです。すそがからんであまり小股になってもよくないので、着付けがすんだときに一度両足を開いて、股割《またわり》をしておくと歩きやすいようです。

小物はコンパクトに

男着物は振りが開いていませんから、タバコやキーなどたもとに入れてしまってもいいのですが、重みで垂れ下がってしまってはかっこ悪い。財布も帯にはさんで根付けで止めるのが昔ながらのスタイルですが、カードや領収書でふくらんだいまどきの財布はそうもいきませんね。コンパクトなバッグに整理したほうが粋です。小さめの巾着《きんちゃく》や信玄袋《しんげんぶくろ》、また、洋服用のクラッチバッグもかっこいいもの。帽子やシャツを合わせたラフスタイルなら、キャンバス地のショルダーバッグなどもかえって若々しくていいでしょう。

男着物の楽しみといえば、伝統的に「裏に凝る」ということがあります。襦袢や羽裏《はうら》に思い切り派手な柄を使い、ちらりと見せて驚かすというストイックなお遊びです。女物の襦袢地にも渋い色目のものがありますし、男物の襦袢を女性が着てもおもしろい。一反を彼女とシェアして、羽裏と、うそつきや二部式帯を作る、なんてこともできます。アイデアを駆使して楽しい着物ライフをお送りください。

アジアの布で楽しむ帯

アジアの国々にはそれぞれ特産の
染め物や織物があります。
異国の香りがしながらそれでいてちょっと懐かしい。
そんな布たちで作った帯は、もめんや麻によく合います。

バティックは「ジャワ更紗《さらさ》」とも呼ばれるろうけつ染め。
織りのイカットと並ぶインドネシアの特産です。

- 綿麻縮
- 綿バティック名古屋帯　¥50,400（仕立上がり）
- 麻布巾着付籠　¥6,090
- 舟形下駄（鼻緒・タッサーシルク）¥16,000
- ビーズ帯留（作・篠原美知子）

韓国の伝統的パッチワーク「ポジャギ」をあしらった麻帯。
お太鼓中央の部分がポジャギです。

●小千谷縮
●ポジャギ二部式名古屋帯
（制作・帯の仕立て専門　カクマ）

ラオスの巻きスカート
「シン」から作った二部式帯。
金色が使われていて、
一見もめんには見えません。

●結城紬無地
●シン二部式名古屋帯
（制作・帯の仕立て専門　カクマ）

アジアのいろいろな布たち

kimono gallery 晏一番人気のバティック

60ページからご紹介しているのは、アジア各国の民族衣装に使われる布で仕立てた帯です。異国風でありながらどこか懐かしさが感じられ、もめん着物との相性は抜群です。もともと綿花も縞模様も絣《かすり》模様も東南アジアから日本に入ってきたものですから、根っこのところでつながっているのかもしれません。

60ページの帯は、インドネシア特産の綿バティックです。また、64ページのものはシルクバティックです。他のコーナーでも8、14、35、68、72ページでご紹介しています。バティックの帯はkimono gallery 晏でもとても人気があり、お客様のご注文がひきもきらない状態です。

バティックはジャワ更紗《さらさ》とも呼ばれ、インドネシア特産のろうけつ染めです。産出する地域ごとに色柄が異なり、また、草木染め・手描きから、化学染料のシルクスクリーンプリントまで、技法も価格もさまざま。アンティークのものもあります。また、巻きスカートや肩掛けなど、用途によって柄付けが違います。たいていは布の端の方に異なる装飾模様が施され、印象の違う2種類のパターンがありますので、布のどの部分を使うかで帯のできあがりも違ってきます。二部式のリバーシブルにすれば、両方の柄を生かすことも可能です。

草木染めのものは色合いに深みがあり、とても素敵なのですが、湿度と温度により色落ちすることがあるので、心配な場合は先にさらしを巻くなどの注意が必要です。プリントのものは色落ちもなく、価格も安いのですが、柄の繊細さに欠ける場合があります。

絣のルーツ・イカット

バティックがインドネシアの染物代表なら、織物はイカットです。イカットとはインドネシア語で「結ぶ、束」という意味。糸の束をデザインに従い括《くく》って防染し、染めた糸を機《はた》にかけて織れば防染した部分が絣模様となって現れます。アジア各地にあり、日本の絣もいわばイカットの親戚ですから、着物にマッチするのは必然といえます。

64ページ下のイカットは、初めから帯地として九寸(約34cm)幅に織られたものですが、もちろん現地でストールやスカートとして作られたものでも帯になります。

シルクサリーの繊細な魅力

インドの民族衣装・サリーの生地で作った帯も人気

があります。65ページの帯がそれです。シルクに繊細な手刺繍《ししゅう》がほどこされ、いかにも人の手がかかったぬくもりが感じられますね。模様に一定の方向性があるのと生地がデリケートなため、基本的に二部式で仕立てます。裏を別布にしてリバーシブルに仕立てることが多いです。また、シルクなので雰囲気が合えばやわらかい着物に締めることもできます。

また、インドで多く生産されるタッサーシルクもいいものです。野蚕《やさん》といって、野生の蚕《かいこ》の繭《まゆ》から作られた絹で、生成《きなり》の色合いが繭によって異なります。手紡《つむ》ぎ糸なので太さにばらつきがあり、ところどころ節が出るのが紬風の微妙な味わい。美しい光沢があり、とても上等な帯に見えます。本書では帯はありませんが、60、64、76ページの下駄の鼻緒がタッサーシルクです。

まだまだありますアジア布

61ページ上の帯は韓国の伝統的パッチワーク「ポジャギ」をあしらった麻帯です。お太鼓の真ん中に一本通った縦のラインがポジャギになっています。本来ポジャギは小さな端切れを綴《つづ》り合わせて大きな布を作り、ふきんや風呂敷として使われたものですが、現在では工芸品としてタペストリーやテーブルクロスなど、インテリアとして使われることが多いようです。この帯も、麻の布に絹のポジャギをワンポイントとしてあしらったテーブルセンターで作りました。幅がお太鼓幅とほぼ同じだったのでそれを生かし、二部式に仕立ててあります。もちろん麻なので夏帯です。胴の一巻きめはメッシュの別布で、より涼しく作ってもらいました。

また、61ページ下の帯は、ラオスの「シン」と呼ばれる巻きスカートで作りました。ラオスの織物はこういう幾何学的な模様が特徴です。スカートなので裾まわりと上部ではデザインが異なり、二部式にすればどちらの柄も生かせます。この生地も上部の方は同じ色の小花が飛んでいて、裏はその柄を生かしたリバーシブル仕立てになっています。この生地はもめんですが、金色が使われているのでちょっと格調があります。絹の上等なものならば、袋帯にするのもおもしろいかもしれません。

ポジャギ帯とシン帯は京都の「帯の仕立て専門　カクマ」(91ページ参照)で仕立ててもらいました。

ほかにもまだまだ、着物に転用できそうなアジア布があります。海外旅行に出かけて、帯地《おびじ》を探すというのも、なかなかオツな楽しみといえるでしょう。

シルクのバティックはカジュアルになりすぎず
格上の絹物にも使えて用途が広くなります。

●保多織中厚地　￥15,750（仕立代別）
●シルクバティック名古屋帯
　￥88,000（仕立上がり）
●綿バティックにビーズをあしらったバッグ（デザイン・ランドラ）
●舟型下駄（鼻緒・タッサーシルク）　￥16,000

インドネシアの絣織物を
イカットといいます。
これは最初から九寸幅で
織られたもの。全通柄です。

●保多織薄地無地　￥10,500（仕立代別）
●イカット九寸名古屋帯　¥33,600（仕立代別）

インドの手刺繍が美しいサリー生地で作った二部式帯。
裏は別布でリバーシブルに仕立ててあります。

●保多織60双柄物　¥15,750（仕立代別）
●シルクサリー二部式名古屋帯

帯地以外で作る帯

洋服地で帯を作ろう

前項でアジアのいろいろな布地で作った帯をご紹介しましたが、洋服地でも帯は作れます。本書では34、37、39ページの帯がもめんの洋服地で作った帯です。デニムにプリントしたものや、厚手のカーテン地のようなものまでさまざまです。

しっかりした帯芯を入れれば、USコットンやリバティプリントなどのコットン地でも作れます。コストが安いので、クリスマスプリントやお正月っぽい柄で、ほんの一時期だけの期間限定帯を作るのも楽しいですね。余った端切れでおそろいの半衿やバッグも作ったりして。

反物以外で帯を作る場合、柄取りを考えなくてもいいのなら、名古屋帯で90センチ幅が2メートルあれば十分です。半幅帯も同じ。ただし継ぎ目ができますからその位置に注意が必要です。二部式の場合は1メートル強あれば、見えないところに足し布をして作ることができます。

二部式帯のススメ

用尺が十分でない端切れや、柄取りの難しいバティックやサリーなどは二部式帯に仕立てることをお勧めします。二部式帯というと、できあいのお太鼓をワイヤーで差し込む作り帯を連想して、嫌う人もいますが、今では工夫が進み、お太鼓を自分で作る形が主流です。これなら二部式であることはまずわかりません。

傷みや汚れのあるアンティークの帯や、短い帯、結びにくい帯なども、あえて二部式に仕立て直してしまってはいかがでしょう。たんすのこやしにしておいてはもったいないですよね。

リバーシブル帯のススメ

用尺が足りず、足し布をするのであれば、裏は別の布にしてリバーシブルにするのが賢明。収納場所を取らず、旅行の時などにも替え帯を持たずに済みます。Kimono gallery 晏でもリバーシブル帯が好評です。80ページでご紹介している「ボタドリ」帯は二部式で、リバーシブルになっています。裏はボタドリのいない同色同柄の帯。その日の気分やコーディネイト次第でお好きなほうをどうぞ、というわけです。前帯だけ、またはお太鼓だけボタドリ柄ということもできます。

サリー地の裏にタッサーシルクをつけたり、保多織をつけたり、保多織の柄と無地で作ったり。時季や着用シーンが著しく限られるもの（クリスマスやバレンタイン、芝居の演目にちなんだものなど）を裏に忍ばせておくのも経済的。また、古い着物や羽織をほぐしたものや、襦袢地などもおもしろい柄がたくさんあります。カーテン地、のれん、テーブルセンター、風呂敷、スカーフ、手ぬぐいなどなど、要は布であれば工夫次第でなんでも帯になるということです。いろんなタイプの布で冒険してみましょう。

二部式でなくてもリバーシブルはできます。もともと半幅帯はリバーシブルに作ってあるものが多いのです。結び目に裏が見えるので、材質やカラーコーディネイトはよく考えて。kimono gallery 晏では保多織のリバーシブル半幅帯が人気です。

名古屋帯はもともと前帯がリバーシブル。バティックなどでは違うタイプの柄が選べるように柄取りを考えると楽しいですね。

お太鼓に結ぶリバーシブル帯としては、京袋帯《きょうふくろおび》という形が適しています。あまり耳慣れない名前ですが、形は袋帯、長さは名古屋帯というものです。要するに前帯を折らずに仕立てた名古屋帯。締め方は名古屋帯と同じですが、袋帯のように手先から前帯を二つ折りにして巻き、結んだたれ先を広げて一重太鼓に締めます。広げてしまえば一枚の長い布状態なので、裏表違う生地で仕立てることができるというわけです。畳むのも簡単で、意外と使い勝手はいいものです。

幅広く奥深い帯の世界

そのほか、兵児帯《へこおび》（三尺帯ともいう）というのもあります。よく小さな子供がゆかたに締めているのを見かけます。ぐるっと巻いて蝶結びにするだけなので、簡単。ちりめんのものが多いですが、kimono gallery 晏では保多織の兵児帯も作っています。男性の初心者にはおすすめです。もし帯にできる長さの絹のストールや、ジョーゼットの布などがあったら兵児帯として結んでみるのも面白いと思います。

ここまでご紹介してきたように、帯の世界は幅広く、いろいろな楽しみがあります。ことにもめん着物に合わせるのなら、かなり思い切った冒険ができます（ただし正装の袋帯だけは合わせられませんが）。

海外で、洋裁店で、アジア雑貨店で、インテリアショップで、古着屋で、思わぬ布地との出会いがあるかもしれません。布を見たら帯と思え、です。

そう考えるとなんだかわくわくしてきませんか？

絹ともめんの素敵な出会い

絹の着物にもめん帯、もめん着物に絹の帯。
もめん着物はワンランクアップ、絹の着物はカジュアルダウン。
絹ともめんはとっても相性がいいのです。

細かい格子のシンプルな紬に、綿バティックの帯。
帯柄の一色と帯揚げとバッグの色を合わせてみました。

●川口良三作紬袷
●綿バティック名古屋帯　¥43,000（仕立上がり）　●籠バッグ
●舟形下駄（鼻緒・イタリア製ベロア）　¥16,000

帝王紫《ていおうむらさき》とも呼ばれる貝の分泌液で染めた着物。
紬地の染め帯が春らしい、ちょっと上等なおしゃれです。

●貝紫染もめん
●紬地九寸名古屋帯
●舟形下駄（鼻緒・本天）　￥16,000

もめんと絹の相性

もめん着物に絹の帯

「もめんに絹を合わせてもいいの？」ときどき耳にするこうした疑問。答えはもちろんノープロブレム。もめん着物はあくまで普段着ですから、特にこうしてはいけない、あれはダメ、というルールはありません。ただ、コーディネイト上、それは避けたほうが賢明、ということはあります。

紬に金糸銀糸の入った袋帯は締めないように、もめんにもそれは合いませんよね。もめん着物は紬の着こなしに準ずるのがいいと思います。ただ紬も近頃は高級化して、訪問着や一つ紋入りなんていうこともありますが、もめんの礼装はまずありません。

もめん自体が質感も色柄もカジュアルで、ライトな感覚のものですから、しゃれ帯でもあまり重厚な織りやどっしりしたちりめんなどは重たくなってしまう可能性があります。色柄だけでなく、帯の格や質感も考えたほうがバランスがいいでしょう。

69ページ、73ページでご紹介しているのは紬地の染め帯。ざっくりした手触りが、もめん着物のマットな質感によく合います。また、72ページでご紹介しているような紬の八寸帯は相性抜群です。無地の帯はどんな着物にも合わせられて、とても使い勝手のいいものです。アイテムの中に一本あると便利。

絹の着物にもめんの帯

この場合でも同じこと。あくまでもカジュアル素材のもめんの帯を、訪問着や付下げには締めませんね。小紋でもシボの大きなちりめんや、光沢のある綸子《りんず》にはちょっとボリューム負けします。やはり相性がいいのは同じカジュアル同士の紬ということになるでしょう。72ページでは無地の信州紬に綿バティックの帯を合わせてみました。紬とバティックはとてもよく合います。

高級紬の代名詞、大島紬《おおしまつむぎ》や結城紬《ゆうきつむぎ》だって大丈夫。染め大島の訪問着や一つ紋の色無地結城なんていうのはともかくも、細かい総柄のものや無地などをちょっとカジュアルダウンして着るにはいいものです。

沖縄の八重山諸島で作られる「みんさー織」はしっかりとした厚地で八寸や帯芯なしの半幅帯に。かつて八重山の娘たちが嫁ぐ日のために織ったものだそうです。五つと四つの絣模様には「いつのよまでも」という思いが込められています。28ページ下の帯がみんさーの半幅帯。草木染で手織りです。一本あるとゆかたからカジュアルな小紋まで大活躍してくれます。

もめん帯でも高級なものがあります。43ページ右の八寸帯ももめんですが、手紡ぎの糸を丹念に手織りで織りあげたもの。49ページ右の帯は弓浜絣の帯。正藍染め、手織りの伝統柄です。縞柄や無地の紬などによく合うと思います。

もめんの羽織、絹の羽織

羽織はとても便利。室内でも脱ぐ必要はありませんから、単衣で仕立てることの多いもめん着物を冬場に着るには必須のアイテム。せひひとつお持ちになることをお勧めします。

紋付きの絵羽《えば》などというかしこまったものでない限り、たいていの羽織は下に着る着物を選びません。46ページでは無地の保多織の着物に絹の羽織を合わせました。かちっとした着物に柔らかいニュアンスが加わりました。また、45ページでは男物の村山大島を仕立て直した羽織を、やや厚手の伊勢木綿に合わせました。大島の羽織は軽くてとても暖かいし、ちょっとした雨や雪なら弾いてくれます。こういう無地に近いものはコーディネイトもしやすく、一枚あるととても重宝《ちょうほう》します。リサイクルショップなどで安く手に入れた大島があったら、羽織に仕立て直すのもいいでしょう。

銘仙《めいせん》の羽織もレトロでかわいいもの。もめん着物によく合います。古着屋さんによくお手頃値段で出ています。裄が少し足りなかったら着物の袖を安全ピンでつまんでしまえばオーケー。ただしうっかり人前で羽織を脱がないようにしましょう。

もめんの羽織も気軽でいいものです。47ページで男物、48、73ページで女物の保多織中厚地の羽織をご紹介しています。女物はどちらも紬の着物に合わせました。単衣仕立てなのでちょっと肌寒いときのカーディガン代わりにいかがでしょうか。

羽織は羽織用の「羽尺《はじゃく》」という生地がありますが、最近はあまり流通量が多くないようで、気に入ったものをなかなか見つけられません。着尺を一反買って作るほうが好みの1枚ができそうです。

羽織の丈や生地の長さにもよりますが、余った生地で二部式帯1本は十分にできます。保多織はメートル売りなので、余り布はほとんど出ませんが、絹や他のもめん生地で作るなら、帯や小物に転用することも視野に入れておくといいと思います。

もめんと絹は同じ天然素材同士、実はこんなにも相性がいいのです。難しく考えずに幅広いコーディネイトを楽しみましょう。

渋い無地の紬に合わせた綿バティックの帯。
もめんと絹のコラボレーションの定番スタイル。
深まる秋のイメージです。

●信州紬無地袷
●綿バティック名古屋帯　¥40,950（仕立上がり）

甘めの色遣いで春らしく。
無地の八寸帯は
どんな着物にも合わせやすく、
一本あるととても便利。

●伊勢木綿　¥19,950（仕立代別）
●手織無地八寸名古屋帯
¥78,750（仕立代別）

クールな無地の結城紬に
もめんの羽織。単衣仕立てなので、
春先のお出かけに
カーディガン感覚で。

手織りの館山唐桟《たてやまとうさん》はとても柔らかな手触り。
優しい色合いの染帯にもぴったり合います。

●館山唐桟
●紬ちりめん地九寸染名古屋帯
¥168,000（仕立代別）

●結城紬無地袷
●保多織中厚地羽織　¥24,255（肩当代・仕立代込み）
●紬地染半幅帯
●舟形下駄（鼻緒・イタリア製ベロア）　¥16,000

もめん着物で出かけよう

もめん着物でどこへ行く?

「もめん着物って、どういうところへ着ていくの?」という疑問をよく耳にします。着物というだけで難しく考えてしまう人がいるようです。

洋服の場合に置き換えて考えてみましょう。普段、ジーンズとTシャツでも近所の買い物くらいなら出かけますよね。ちょっとお出かけというときや、毎日の通学・通勤に、もめんのワンピースやシャツ、ジャケットは普通です。パーティーやお呼ばれということになると、シルクやウールのスーツやドレス、ということになります。それは「相手に対して失礼のないように」という気配りです。

着物だって同じことです。お茶席とか、気の張るご招待やパーティーにはそれなりに着物の「格」が必要になりますが、自分自身のおしゃれを楽しみたいのであれば、どこへでも気楽に着ていけばいいのです。

着物にまったく興味のない人は、着物というだけで「うわあ、正装ですね」とか「今日はお見合い?」なんて聞いてきたりします。もめんのワンピースもそうですが、ちょっとしたお食事会や、気の張らない忘年会なんかなら、十分に通用してくれます。「この着物、もめんだから、そんなに高価でもないし、洗濯も簡単なんです」と宣言してしまえば、周囲に余計な気遣いをさせずに済みますし、それを話題に盛り上がることもあるでしょう。

ゆかたのTPO

ここ何年か、夏になるとゆかたを着た若い女性が年々増えているように見受けられます。彼女たちにつられてか、男性のゆかた姿もよく見かけるようになりました。花火大会の日や夏祭りの日には、最寄り駅や電車の中にゆかたのカップルがあふれています。

普通の日でもカラフルなゆかたで街を闊歩《かっぽ》する姿を見かけますが、若いうちはともかく、ある程度の年齢になったら、ゆかたの着こなしも大人らしくしたいものです。

一番ポピュラーで安価なコーマ地のゆかたは、どこまでいってもゆかたです。大人っぽく着こなすなら、まず綿紅梅《めんこうばい》や綿絽、綿麻や奥州《おうしゅう》もめんなどのちょっと上等な生地で、落ち着いた柄を選びます。25ページでご紹介しているのは保多織を両面染めにしたゆかたです。こうしたゆかたは、素肌に衿なしで着るのはもちろん、襦袢・衿付きでお太鼓を締めれば立派に夏の昼着として通用します。夏の暑い日差しの中、しゃっきり着こなしたゆかたは、ちょっと上級者っぽい大人のおしゃれです。

もめん着物から始めましょう

「着物は着てみたいけど、着付けができないし、習うのも大変」という理由で、逡巡《しゅんじゅん》している方も多いことと思います。男性にもそういう方は多いでしょう。もしそうお考えなら、ちょっと思い切ってもめんの着物と半幅帯を購入してみませんか？　あとは既成の二部式襦袢、腰紐2本と伊達締め、そして着付けの入門書を1冊。全部で4万円もあれば可能です。

鏡の前で本を見ながら格闘し、家の中を歩いてみましょう。最初は時間もかかるし、着ているうちに裾が広がったり、帯がほどけたり、胸がはだけたりと悲惨なことになりかねませんが、家の中ならどうということはありません。着崩れては直し、を繰り返すうちに何となくコツがわかってきます。着物を着慣れた家族や友達に、アドバイスを受けるのも上達の要《かなめ》。そうして自信がついたら、足袋と下駄を買って表に出ればいいのです。単衣のもめん着物は絹物より扱いが簡単で、着付けがしやすいため、練習用には最適です。また、慣れないうちは着付けているうちに汗だくになりますし、汚れを気にしていたら練習にはなりません。

練習用ならお下がりや古着、プレタ着物でもいいのでは？　と考えるかもしれませんが、サイズのきちんと合っていない着物の着付けはかえって難しいのです。自分のジャストサイズの着物で練習するのが上達の早道です。

また、いきなりお太鼓を締めようと思っても、なかなかそれは難しいもの。半幅帯さえ締められれば、気軽な街着としては十分ですから、まずは外へ出られるようにするのが先決です。そうしてどんどん街を歩いて、自信をつけることが大事なのです。

お太鼓が締めたければ、二部式帯からスタートするのもいいでしょう。お太鼓を締めるとなると、さらに帯枕、帯揚げ、帯締めが必要になってきます。そうして気がつくと、着物周りのものがひととおりそろったことになります。

初めからすべてのものをそろえようと思うと、経済的にも精神的にも大変。こんなふうに段階を追って身につけていけば、着物への道はそう遠いものでもありません。まずはもめんの着物を一着、そこから始めてみませんか？

染めのもめん着物

先染めの織着物が多いもめんですが、
後染めのもめんもエレガントで素敵。
ワンランク上のおしゃれを楽しみましょう。

松ヤニをいぶした煤《すす》で染める松煙《しょうえん》染め。
上品な草花柄に麻の帯、ガラスの帯留めが涼しげな、初夏の装い。

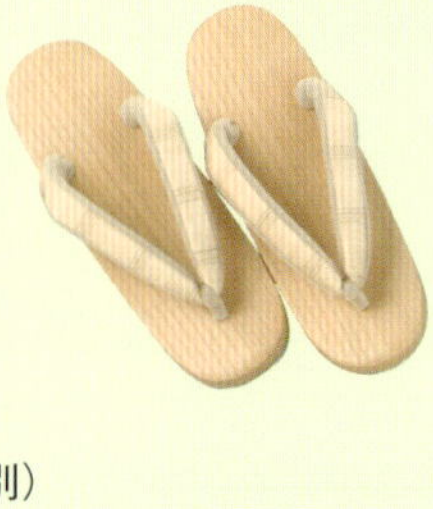

●越後松煙染型染木綿
●麻無地八寸名古屋帯　￥13,650（仕立代別）
●藤バッグ　￥14,700
●舟形下駄（鼻緒・タッサーシルク）￥16,000
帯留め（作・あかしゆりこ）　¥4,200

こちらは手描きの刷毛目《はけめ》が大胆な松煙染め。
帯締め、帯揚げ、下駄の鼻緒を同系色でまとめてみました。

●越後松煙染木綿
●生紬地紅型九寸名古屋帯
●塗舟形下駄（鼻緒・イタリア製ベロア）￥16,500

小紋のような柄付けが、意外性のあるもめん着物。ざっくりした無地の八寸帯でシャープに。

●越後型染木綿
●手織無地八寸名古屋帯

染めのいろいろ

松煙染めとは？

76、77ページでご紹介した2点の着物は、いずれも新潟県小千谷《おぢや》市の「紺仁《こんに》」で作られた片貝木綿の松煙《しょうえん》染めです。松煙染めは絹物もありますが、紺仁では独自に開発された片貝木綿に染めています。

松ヤニをいぶしてできたススにニカワを混ぜて練り上げた松煙墨を豆汁と混ぜて引いたもので、淡いグレーに染まります。江戸時代には百鼠《ひゃくねずみ》といって百種類近くの鼠色が好まれましたが、松煙染めの鼠色は粋のシンボルとされたそうです。

76ページのものは型染め、77ページのものは刷毛《はけ》で引染《ひきぞ》めにしたものです。77ページ下の反物は柿渋《かきしぶ》染め。ちょっと小紋のような味わいがあり、意外性があります。一見もめん着物には見えませんよね。ゆかた以外のもめんの後染め着物は珍しいですが、紺仁では「越後型染め」として他にも藍染め、弁柄《べんがら》染め、絞り染めなどを作っています。

伝統的な染色方法

ここで、染めの種類についてちょっとご説明しておきます。まず、藍染め、松煙染め、柿渋染め、茜《あかね》染め、紅花《べにばな》染めなどという名称は染料の違いを指しています。藍も柿渋も茜も紅花も植物系の天然染料ですから、広義には草木染めということになります。貝紫《かいむらさき》や臙脂《えんじ》などは動物系天然染料です。これらは先染め（糸を染めてから織る）のものも後染め（白生地に染める）のものも両方あります。

型染め、絞り染め、ろうけつ染め、紅型《びんがた》、長板中型《ながいたちゅうがた》、注染《ちゅうせん》などは染色方法の違いを指しています。これらは織り上がった白生地に後染めする方法です。

型染めというのは型紙を使って連続柄を染めるもので、小紋がその代表選手。型染めのもめんも小紋風になります。紅型や長板中型も型染めの一種です。

絞り染めは非常に歴史が古く、奈良時代から行われていた染色法。鹿《か》の子《こ》絞りや疋田《ひった》絞りのように糸で括《くく》って防染するもの、2枚の板の間に挟む板締《いたじ》め絞り、棒に斜めに巻き付けて染める嵐《あらし》絞りなどがあります。もめん着物としては有松《ありまつ》絞りのゆかたが有名。

ろうけつ染めも奈良時代に中国から伝わったとされています。溶かした蝋《ろう》で絵柄を描いて防染したもの。世界的にも広く行われ、インドネシアのバティックはとくに有名です。

紅型は沖縄で発達した染色法で、型紙を使って糊置きし、多彩な染料を使って色鮮やかに染め上げます。もとは琉球王家や貴族が身につけるものでした。後に庶民の間にも広がり、ちりめんや紬などの絹物から、もめん、麻、芭蕉布などに幅広く染められます。南国風の独特の色柄が魅力です。

長板中型は江戸時代に始まった染色法。反物半分の長さの板の両面に一反分の布を張り、布の両面に糊置きしてから藍甕《あいがめ》の中に浸し、薄い藍から次第に濃い藍に移して染色していくという、非常に手間のかかる染色法です。裏表の糊置きがぴったり合っていないと染め上がりがぼやけてしまうという難しい染め方です。藍一色で、主にゆかたに用いられますが、長板中型染めのゆかたは高級品です。

ゆかたの染色法としては、注染が一般的。型紙で糊置きし、染料を注ぎながら圧搾《あっさく》空気を送り込んで染め上げます。繊維の中まで染料が染みこむため、裏表の区別がないほど鮮やかに染まります。糊置きを繰り返すことで多色染めも可能です。比較的量産しやすいので、ゆかたの他、手ぬぐいなどに用いられる染色法です。他に染めの着物の代表といえば友禅《ゆうぜん》染めですが、さすがにもめんや麻の友禅は存在しないのでここでは省きました。

オリジナルで染める

保多織の織元である岩部保多織本舗《いわぶぼたおりほんぽ》（91ページ参照）でも染めの保多織を作っています。25ページでご紹介したものです。両面染めのゆかたとして作られていますが、生地は保多織でしっかりとしていますから、襦袢をつければ5月頃から着物として着られます。kimono gallery 晏のオリジナルキャラクター「ボタドリ」の型染めも始めました。詳しくは次ページで。

また保多織は、無地だけですが白生地にお好きな色を染めることもできます。次ページの着物はリバーシブル仕立てで、裏になっているほうはもとからある無地の保多織ですが、表になっているほうは別注で染めたものです。こちらは60双の白生地を染めたものですが、薄地の白生地で着尺3千780円から、染め代は1万3千650円からです。

他に阿波しじらなどにも後染めのものがあります。また、最近はネットショップなどでオリジナルのプリントもめんを作っているところも増えてきました。染めのもめんには、織りのもめんにはない柔らかさがあります。後染めの紬なども増えてきた昨今、もめん着物にもこれから新たな展開がありそうですね。

別染め・型染め

kimono gallery　晏オリジナルのキャラクターを作りました。
名付けて“ボタドリ”、本書でデビューです。どうぞよろしく。

半衿、帯、鼻緒、巾着とボタドリづくし。着物の表地は60双の白生地を別注で染めました。リバーシブルに仕立ててあります。

●保多織薄地・60双別染リバーシブル　¥52,500（染代・仕立代込み）
●ボタドリ二部式名古屋帯　¥21,000（仕立上がり）
●ボタドリ巾着（作・大野ユミコ）
●神代杉右近下駄（鼻緒・ボタドリ）　¥12,600
●ボタドリ半衿　¥1,365

●ボタドリがま口　●ボタドリ帯留め
●ボタドリ眼鏡ケース
（作・大野ユミコ／参考商品）

初めまして、ボタドリです

保多織のキャラクター〝ボタドリ〟

このたび、kimono gallery　晏のオリジナルキャラクター商品として、ボタドリグッズを作りました。デザインは大野ユミコさん。鳥のようなピーナッツのような、なんともユニークな生物を、保多織に型染めで染めました。鳥柄の保多織なので〝ボタドリ〟と命名。

現在のところ、白生地・ベージュ・白の格子・ベージュの格子の4種の生地に、モスグリーンのボタドリを1色で染めたものを製品化しています。今後違う色やパターンのものも作っていきたいと考えています。どうぞかわいがってくださいね。

ボタドリ製品は現在、二部式帯、うそつきの袖、半衿、鼻緒などを作っています。23ページのうそつき、右ページの帯、半衿、鼻緒がそうです。

巾着、がま口、眼鏡ケース、帯留めは、大野さんの手作りなので量産はできませんが、展示会などで販売しています。がま口、帯留めのブルーや紫も大野さんの手染めなので、kimono gallery　晏での製品化はしていませんが、ご自分で染めてみたいという方には、白生地にプリントしたもの（反物幅で長さ105センチ）をkimono gallery　晏のネットショップや展示会でお求めいただくことができます。Tシャツなどを染める手芸用染料できれいに染まります。ボタドリの色は1色なので、地色をそれに合った色目（なるべく淡い色がいいでしょう）で染め、半衿やハンカチ、手ぬぐいにしたり、バッグや小物を作ったり、自由な発想で楽しんでください。

技術上、コスト上の問題で、まだ着尺までの製品化はできていませんが、いずれはオリジナルの型染め着物も作ってみたいと思っています。目下研究中、というところです。

Kimono gallery　晏では、これからも、もっといろいろなオリジナルグッズにチャレンジしてみたいと考えています。読者の皆様からも、こんな色柄で、こんな製品を、というリクエストやアイデアをホームページまでお寄せいただければ幸いです。

もめんと麻のお手入れ法

自分で洗える単衣仕立て

もめんと麻のいいところは、単衣に仕立ててあれば自分で洗えることです。なぜ袷が洗えないかというと、裏地が別種の布で収縮率が違うため、型が崩れてしまうからです。

しかし自分で洗えるといっても、やはり洗濯機はお勧めできません。特に新しい着物は最初の洗濯で大きく縮むため、2、3度目までは手洗いするほうがいいと思います。何度か洗濯してある程度縮むと、それ以上は縮まなくなります。また、お湯で洗うと色落ちの可能性がありますので必ず水洗いで。

まず洗面台や、たらいに水を張って洗剤を溶かし入れます。液体状のおしゃれ着《ぎ》用洗剤などのほうが粉せっけんよりムラができなくていいでしょう。また、漂白剤の入っている洗剤は避けてください。食べこぼしなどのシミはあらかじめつまみ洗いをして、着物は畳んだまま、洗剤液に浸け込みます。このとき長時間浸け置きはしないでください。色落ちして、他の部分に色移りする危険があります。衿や袖口は汗や皮脂汚れが多いので、よく押し洗いをしてください。すすぎは何度も水を替えて、洗剤の泡が出なくなるまで3、4回。最初は激しく色落ちするものもあるのでびっくりしますが、すすぎの水がきれいになったら、ぐるぐる巻いて体重をかけ、よく絞ってください。それから洗濯用ネットに入れて脱水機にはほんの少しだけかけます。水がぽたぽた垂れるようならバスタオルなどで水分を取って干してください。

糊付けする場合は脱水前、すすぎの後に洗濯用糊を溶かした液に浸けて全体によくいきわたらせます。そして軽ーく脱水。夏物はシーズンの終わり、これから来シーズンまで着ない、というときには、カビの原因になるので糊付けはしないほうがいいかもしれません。

そのあと乾燥機は御法度《ごはっと》です。必ず自然乾燥、しかも直射日光に当てず、陰干しにしてください。色やけの原因になります。干すのは着物用ハンガー（衣紋掛《えもんか》け）で。洋服用のハンガーですと型くずれの危険があります。

繊維は乾くときに大きく縮むため、よく引っ張って干しましょう。衿や上前、袖口、たもと、裾などはぴしっと引っ張って、胸や腰のあたりは両手でぱんぱん叩きます。ていねいにしわを伸ばして干せば、あとでアイロンがいらないくらいです。生乾きのときにもう一度しわをのばしてやるといいようです。

ものによって大きく違う収縮率

同じもめんや麻でも、ものによって収縮率は違うようです。経験上申しますと、糸の太い、ざっくりした手触りのものほど大きく縮むようです。仕立てのときにしっかり「地入《じい》れ」をしてもらうことと、洗ったら縮むことを前提にして身丈の長さを決めるのがいいでしょう。(それから、居敷当《いしきあ》てにも注意が必要。補強のためにつけるものですが、ざっくりしたもめんに化繊の居敷当てをつけた着物を洗濯したら、居敷当てがつってドレープ状になってしまったことが。そういうものにはつけないほうがいいかもしれません。)

川越唐桟や保多織など、糸の細いもののほうが、収縮率は小さいようです。また、もめんや麻は主に縦方向が縮みます。横にはほとんど縮まないので、身幅や裄《ゆき》は心配ありません。

いっそそれならドライクリーニング

そんなに大変なら、手洗いなんてしたくない、と思われる方は、ドライクリーニングに出すのがいいでしょう。絹物のように生洗《きあら》いに出すと何千円もかかりますが、普通のドライクリーニングなら千円前後でやってもらえます。また、袷やリバーシブルにした場合は、必ずプロに任せてください。シミや汚れは出す前によく点検して、糸印をつけておくといいでしょう。

しわ、シミ、部分汚れ

さりとて着るたびにクリーニングに出すのも大変。ちょっとしたシミや部分汚れなら、つまみ洗いで十分です。汗をかいたら霧吹きで水を吹いて、タオルで拭いておく程度でいいでしょう。

また、いざ着る段になって出してみたら、あっちこっちに畳みじわが、なんてこともありますよね。でも、もめんや麻はいちいちアイロンを引っ張り出さなくても大丈夫。しわの部分に霧吹きを吹いて、ぱんぱんと叩いてあげれば、乾いたときにはもとどおり。出かける直前だったら、ドライヤーで強制乾燥するという荒技も。麻にいたっては、着付けしている間に乾いてしまいます。

収納は、もめんや麻は絹物と一緒にしない方がいいのです。絹は基本的に虫が来ないので防虫剤がいらないのですが、もめんや麻、ウールには必要です。できることならもめん・麻・ウールと絹物は別のたんすにしまったほうがいいようです。

保多織

●香川県●

本書でもっとも多く登場しているのが保多織《ぼたおり》です。Kimono gallery　晏の地元産ということもありますが、なんといってもお手頃価格で、用途が広いすぐれものなのです。

保多織の特徴はその織り方にあります。基本的には平織りですが、緯糸《よこ》を3本平織りで打ち込んだら、4本目は経糸《たて》を一本とばしにして打ち込むのです（図参照）。

これによって生地の表面がワッフル状になり、空気を含むため、冬は暖かく、夏場は肌に貼り付かない、さらりとした手触りが生まれます。

もともとは一子相伝の絹織物で、高松藩の御用達《ごようたし》でしたが、明治維新後、現在の岩部《いわぶ》家に受け継がれ、綿織物になりました。ですから織元は全国で岩部保多織本舗ただ一軒です。

保多織の定義はこの織り方のみなので、色柄は特に決まりがありません。また、糸の太さによって厚地、中厚地、薄地と3段階の厚さがあります。それに加えて60双《そう》というのは、通常の薄地を織る30番手の糸の半分の太さ、60番手の糸を撚《よ》り合わせて織ったもので、よりしなやかさがあります。

着物として着るのはおもに中厚地と薄地、60双です。厚地と中厚地は反物幅でなく、ヤール幅（洋服地と同じ）で織られ、薄地と60双は反物幅ですが、一反売りでなくメートル売りなので、着物以外のもの、帯や羽織、洋服などを作るときに無駄が出ないのがいいところです。また、白生地があるので、好きな色に染めたり、下着を作ったりもできます。

価格は着尺で1万５００円からと、たいへんお求めやすい値段です。もめん着物入門には最適の着物です。

岩部保多織本舗では、最近絹の手織りの復刻を試みていて、本書でも40ページでストール、43ページで八寸帯をご紹介しています。太い糸でざっくり織られているので、保多織の織り方がはっきりわかります。

保多織の組織図

最後に、本書に登場したもめん・麻着物の特徴をご紹介します。
お買い求めのときの参考にしてください。

川越唐桟

埼玉県

日本ではもめん織物の普及が遅く、江戸時代の初期にはまだ庶民の衣服は麻でした。絹は上流階級の専有物で、暖かく丈夫なもめんが普及したのは江戸中期になってからです。しかし、日本でとれる綿花は繊維が短く、長い一本の経糸を作るのは難しかったため、縦縞を織るのはとても難しかったのです。遠くインドからもたらされる縦縞の布は大変珍重されました。そうした布は主にインドのセント・トーマス港から出荷されたので、それがなまって桟留縞《さんとめじま》となり、唐渡《からわた》りの桟留縞、唐《とう》桟《ざん》と呼ばれるようになったといいます。幕末になって欧米の産物が日本に入って来るようになり、機械紡績の長い綿糸が輸入されると、これに目を付けたのが川越の織物商・中島久平《なかじまきゅうへい》。川越周辺の機屋《はたや》に縞もめんを織らせ、これが絹のような光沢を持ち、「川唐《かわとう》」と呼ばれて江戸で大流行しました。

その後、機械化の波に押されて衰退し、現在では、織元は入間《いるま》市にある西村織物ただ一軒となってしまいました。

川越唐桟、通称川唐の特徴は、そのすべすべした手触りと、絹物のような光沢にあります。これは非常に細い糸を使って織ることから生まれます。保多織の60双ですら60番手なのに、川唐は70番手から１２０番手の糸を使います(糸の番手は数が多いほど細い)。

川唐も基本的には平織りです。70番手のものは普通の平織りですが、80番手以上は双子《ふたこ》織りといって、2本の糸を引きそろえて織ります(図参照)。撚り合わせて織る保多織の60双とは構造が違います。こちらもよりしなやかで丈夫です。

機械織り、化学染料の平織りなら一反1万円弱で手に入ります。草木染め、双子の細番手の機械織りでも3万円台です。手織りのものもありますが、機械織りが10反買えるお値段になります。

本書でご協力いただいた川越市の「呉服　笠間《かさま》」さんでは在庫の全柄を見ることができます。川越にじかに出向いて、手に取ってみてはいかがでしょう。

双子織りの組織図

片貝木綿

●新潟県●

本書でも数多く登場している片貝木綿《かたがいもめん》は、新潟県小千谷《おぢや》市にある「紺仁《こんに》」で作られるもめん着物です。「片貝」という地名がついていますが、実は作っているのは紺仁ただ一軒です。片貝木綿は、経糸に3種の異なる太さの糸を規則的に配して織られているのが特徴で、この異なる太さの糸が表面に微妙な凹凸を作り、肌にべとつかないさらりとした感触を生んでいます。

意外なことにこの片貝木綿の歴史はそれほど古くありません。紺仁自体は染め屋として250年の歴史を持つ老舗《しにせ》で、昭和20年代、民芸運動家の柳宗悦《やなぎむねよし》にその仕事ぶりを買われ、宗悦の指導の下、開発された独自の織物なのだそうです。本書で「越後草木染」「越後松煙染」としてご紹介したものはすべて、紺仁で片貝木綿に染められたものです

片貝木綿には織りと染めがあり、柔らかく、手触りがさらっとしています。色柄が豊富で、とくに伝統ある染め屋さんならではの草木染めのバリエーションが素敵です。価格も一反2、3万円台からと、お手頃。また、綿縮《めんちぢみ》や、デニムのような越後綾織《あやお》りなど、ちょっと変わったものも作っています。

小千谷縮

●新潟県●

小千谷のもめんをご紹介したので、ここで麻織物もご紹介しましょう。越後では古くから麻織物がさかんに織られていましたが、江戸時代に明石縮《あかしちぢみ》の技法がもたらされ、小千谷地方で織られるようになったのが小千谷縮。苧麻《ちょま》の繊維を爪で細かく裂く、苧績《おう》みという作業で糸を紡ぎ、緯糸に強い撚りをかけ、いざり機《ばた》で織り上げます。さらに湯もみをすることであの独特のシボが生まれますが、最大の特徴は〝雪ざらし〟にあります。古くから小千谷に伝わる漂白法で、2、3月に雪の上で春の日差しにさらすことにより、風合いと光沢が生まれます。厳しい気候の北国が生んだ独自の技法です。真夏に着る麻の着物が早春の雪の上でさらされる、その光景を思い浮かべるだけで涼しく感じられるような気がします。

こうした伝統技法で作られた重要無形文化財の小千谷縮は、なかなか手に入るものではありませんが、一般的には輸入品のラミー糸という紡績糸で機械織りしたものが主流です。縞や無地のものなら一反4万円台くらいから手に入ります。同じ技法で作られた綿麻縮もあります。

もめん・麻着物のプロフィール

伊勢木綿

三重県

江戸時代、伊勢地方は良質な綿花の産地でした。伊勢晒《いせさら》しとして晒しが有名でしたが、徐々に藍染めや縞物が織られるようになり、これが江戸に持ち込まれて「伊勢木綿」として流通するようになりました。江戸時代は隣の紀州藩にある松坂《まつざか》の商人が江戸でのもめん販売を特権的に牛耳《ぎゅうじ》っていたため、なにかと不遇でしたが、明治以降、松坂商人は特権を失って衰退していき、伊勢はもめん織物の一大産地となります。トヨタ式織機《しょっき》の導入で機械化が進み、戦前までは大量に生産されましたが、他の産地と同じように戦後の波を乗り切れず、あまたの業者が廃業していきました。そして今では臼井織布《うすいしょくふ》ただ一軒となってしまいました。臼井織布では明治時代にトヨタの創業者・豊《とよ》田佐吉《ださきち》から買った織機をいまだに使っているそうです。

特徴は上質な柔らかい単糸《たんし》で織られているため柔らかく、しわになりにくいこと。やや厚地ですが、暖かい手触りでちょっとウールのよう。紺無地と、縞・格子が主流です。色柄も伝統的な藍染めから、ピンクやオレンジ色のポップでかわいらしいものまでバラエティに富み、1反1万円台から手に入ります。

阿波しじら

徳島県

阿波《あわ》地方は古くから藍の産地で、現在でも阿波徳島産の藍は最高級とされています。江戸時代、庶民が絹を着ることが禁じられたため、藍染めのもめん織物が普及しました。阿波で織られていたのは「湛織《たたえおり》」というものでしたが、明治の初め頃、海部《かいふ》ハナという織女が織り上げた湛織を夕立にぬらしてしまい、これを乾かしたところ、表面に面白いシボができていたといいます。この偶然を研究・改良して作られたのが阿波しじらです。

阿波しじらのシボとちりめんのシボはまったく違う工程でできています。ちりめんは緯糸に強い撚りをかけてシボを作りますが、阿波しじらは撚糸《ねんし》を使わず、経糸の張力差によってシボを作ります。

比較的シボが大きく、肌にさらさらと、夏場にぴったりの風合いを持っています。正藍染《しょうあいぞ》めが本来のものですが、化学染料を使ったお手頃価格のものは一反8千円代からとうれしいお値段。縞や格子が主ですが、染めのゆかた地もあります。夏着物の入門としては最適の着物です。本書では20ページ、24ページでご紹介しています。

久留米絣

● 福岡県 ●

もめん絣の代名詞のような久留米絣《くるめがすり》。昔の子供が兵児帯《へこおび》を締めて走り回っている姿を思い浮かべたりしますが、手くびり、正藍染めの手織りのものはいまや重要無形文化財。かなり高価なものもありますが、化学染料・機械織りのものなら、13ページでご紹介しているように2万円台からあります。

絣織物の技法はアジア各地に広く伝播《でんぱ》していますが、久留米絣は江戸時代の末期に12歳の井上伝《いのうえでん》という少女が偶然発見したとされています。そしてのちに「からくり儀右衛門《ぎえもん》」と呼ばれた田中久重《たなかひさしげ》少年が機に改良を加えて複雑な絵模様が織られるようになった、という面白い話が伝わっています。

この久留米絣の技法が伊予《いよ》や備後《びんご》に伝えられ、西日本一帯で絵絣が織られるようになっていきました。

久留米絣の魅力は洗えば洗うほど色が冴え、絣の柄がくっきりしてくることです。一般に入手しやすいものはやや厚手のしっかりしたものが多いので、せっせと洗って体になじむよう、そして藍色も冴えるよう、我が手で育ててあげましょう。10ページで紹介しているのは手織りの久留米絣です。

弓浜絣・広瀬絣

● 鳥取・島根県 ●

かつて久留米・備後・伊予は三大絣と呼ばれ、そこから西日本一帯に絵絣の技法が広まりましたが、戦争を境に急速に衰退し、技法の絶えてしまったものも数多くあります。

山陰地方は良質の伯州綿《はくしゅうめん》の産地で、伊予から技法が伝わった弓浜《ゆみはま》（弓ヶ浜とも）絣、そこからさらに広瀬《ひろせ》、倉吉《くらよし》と伝わり、山陰の三絵絣ともいわれましたが、やはり時代の波に押され、生産量は低下の一途をたどりました。近年では地元の技術保持者や作家たちの努力で、機械織りの量産品こそないものの、手織りの作家物として、伝統柄を保持しながら新しいデザインのものも生産されています。

38、41ページでご紹介しているのが伝統柄の弓浜絣。49ページ右の帯もよく伝統を表しています。49ページ左の反物も弓浜ですが、こちらは現代的なデザインです。ご覧のように複雑な柄で、非常に手間がかかることをおわかりいただけるかと思います。草木染め・手織りですからお値段は少々張りますが、手触りは柔らかで、着やすい着物です。もめん好きなら一度は着てみたい、究極の一枚といえるでしょう。

銚子縮・館山唐桟

●千葉県●

銚子縮《ちょうしちぢみ》は江戸時代に銚子地方で織られていた波崎縞《はざきじま》を改良して生まれたものだといいます。緯糸に強い撚りをかけて糊で固め、左撚りと右撚りの糸を交互に打ち込みます。織り上げてから糊を落とすと、細かいシボが生まれます。その肌触りの良さと丈夫さで、江戸から明治にかけての通人に高い人気を得ました。大正時代には生産が途絶えてしまいましたが、戦後、常世田真次郎《とこよだしんじろう》氏の手で復興されました。現在では3代目がその伝統を受け継いでいます。本書では15ページの写真が銚子縮です。

館山唐桟《たてやまとうざん》は、関東地方で広く織られていた手織り唐桟の伝統を唯一守り続けている織物です。初代の斉藤《さいとう》茂介《もすけ》氏が館山に移り住み、斉藤家3代にわたって手織りの唐桟を織り続けています。

川越唐桟の項でも紹介しましたが、極細の紡績綿糸を使うので、絹のような光沢があり、粋な縞柄が特徴です。館山唐桟はさらに草木染め、手織りの上、湯通しをした後砧《きぬた》打《う》ちをしますので、よりしなやかで光沢があります。本書では73ページ下でご紹介している反物が館山唐桟です。

琉球木綿・綿薩摩

●沖縄県・宮崎県●

かつて琉球《りゅうきゅう》王国であった沖縄の絣は、日本の絣の源流といわれています。琉球絣は広義では沖縄で織られるすべての絣を指し、芭蕉布《ばしょうふ》や宮古《みやこ》・八重山上布《やえやまじょうふ》、久米島紬《くめじまつむぎ》など、木綿以外の布にもその独特の絣模様が織り出されています。木綿に琉球藍を染めた紺絣は、琉球織物の代表として、広く世に知られていますが、琉球絣には悲しい歴史があります。江戸時代、薩摩藩《さつまはん》の支配下に置かれた琉球は、献上品として琉球絣を作らされ、それは薩摩絣の名で世に広まりました。維新後は鹿児島でも、琉球の影響を受けた素朴な綿絣が作られるようになり、庶民の衣服として人気を博しましたが、戦後は衰退してしまいます。

現在〝綿薩摩〟ないし〝薩摩絣〟の名称で売られているものは、戦後に宮崎の東郷織物《とうごうおりもの》が、大島紬の技法を用いて復活させたもので、戦前の薩摩絣とはまったく違うものです。だから「薩摩」なのに宮崎県なのです。

糸は80番手双糸《そうし》という非常に細い糸を使い、大島紬とほぼ同じ工程で作られます。もめん着物としては最高の格を持つとされ、あらゆる着物を着尽くした人が最後に行き着く着物とまでいわれています。

ショップ紹介

kimono gallery 晏（ネットショップ）

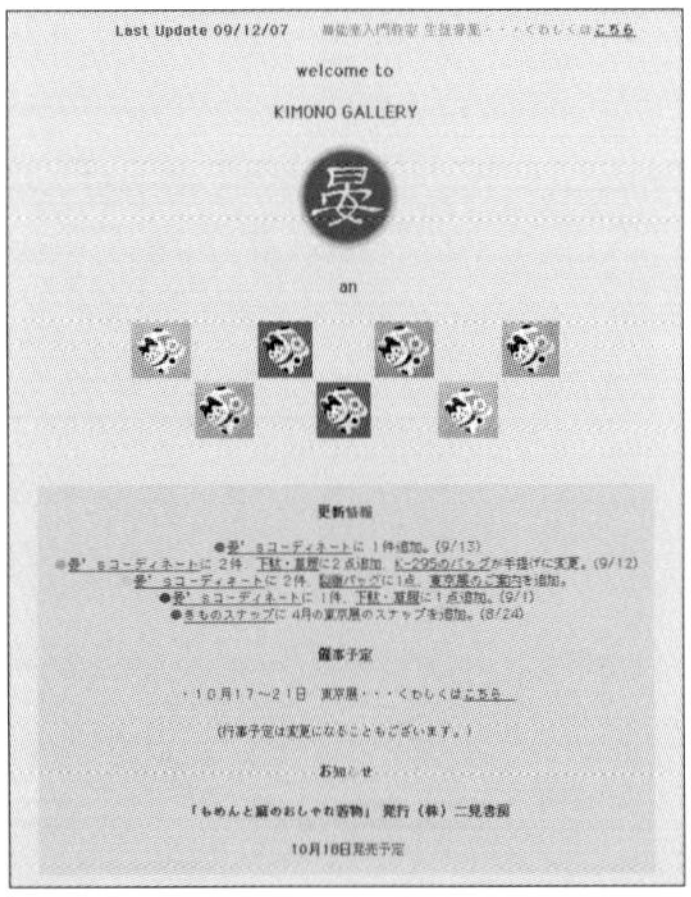

http://www.kimono-an.com/
馬場呉服店（実店舗）
〒760-0018　香川県高松市天神前8-23
TEL 087-833-3960
FAX 087-862-0554
営業時間　午前9時～午後6時30分　日・祝定休

お近くにおいでの際はぜひお立ち寄り下さい。
高松城や栗林公園もすぐ近くです。
年に2回、東京での展示会も開催しています。
詳しくはホームページをご覧ください。

● kimono gallery　晏のお仕立代　（税込み価格）

もめん着物単衣	ばち衿	￥12,600～
	広衿	￥13,650～
名古屋帯（帯芯込み）		￥10,500～
半幅帯		￥7,875～
もめん着物袷		￥17,850～
保多織長襦袢		￥11,550～
保多織半襦袢		￥6,825～

岩部保多織本舗

〒760-0026　香川県高松市磨屋町8-3
TEL 087-821-7743
FAX 087-821-7818
http://www.botaori.com/
営業時間　午前9時～午後6時　日・祝定休

保多織のゆかたや、シーツ、シャツ、洋服、小物類、
端切れ、手織り絹のマフラーやストールも販売しています。

呉服笠間

〒350-0065　埼玉県川越市仲町5-10
TEL&FAX 049-222-1518
http://park10.wakwak.com/~kasama/
営業時間　午前9時～午後7時　水曜定休

川越唐桟を主力に、もめん着物のラインナップも豊富。
川越散策の折りにはぜひお立ち寄り下さい。
ネット販売も行っています。詳しくはホームページをご覧ください。

帯の仕立て専門　カクマ

〒615-8085京都市西京区桂千代原町16-37
TEL&FAX 075-392-6562
http://ha5.seikyou.ne.jp/home/Kakuma/

ホームページにはこれまでの作品や帯の情報が満載。
お問い合わせはメールかＦＡＸで。

おわりに

kimono gallery　晏は、2000年8月より、四国高松の「馬場呉服店」から発信しているネットショップです。もともと本店では盛装から普段着まで呉服全般を扱っておりますが、その中でも特にカジュアルな部分をご紹介し、もっと気軽に着物を着ていただきたいという思いで立ち上げたものです。そんな中で特に反響をいただいたのが高松特産の「保多織」をはじめとする各地のもめん着物でした。おあつらえで仕立てても2万円台で出来上がる手頃さ、単衣だと家で洗える気軽さ、そして天然素材であること。着物は盛装として着るもの、というイメージが強くなってしまっていた世代の方々には新鮮に感じていただけたのかもしれません。

そして「保多織」に興味を持ってくださった漫画家の近藤ようこさんからのつながりで、前回の「もめんで楽しむおしゃれ着物」を出版するに至ったのです。そのおかげでインターネットをしない方からも「手が届く普段着物」としてご注目いただき、喜んでいただけたことは何よりうれしいことでした。

特に東京近辺の方からのお問い合わせが多いので、現在東京では年2回、定期的に展示会をさせていただいております。よりたくさんの方々にもめん着物を手にとっていただけることはとてもうれしいことです。他の場所でも機会があればぜひ、ご覧いただきたいと思っております。

そして今回、また二見書房さんよりお声をかけていただき、さらに発展させた本を出せることになりました。背中を押してくださったゴーシュ、ＣＯ・２デザインのみなさま、大切にされている着物や帯、帯留、バッグを快く撮影に使わせてくださいましたみなさま、その他ご協力くださったみなさま、友人、家族にも感謝の気持ちでいっぱいです。ほんとうにありがとうございました。

もめんは伸び縮みするし、しわにもなる、やっかいな面も持ち合わせています。でも、天然素材だからこその特徴を手なずけて育てる楽しみはそれ以上。前回の本で近藤ようこさんが書いてくださった「もめんは可愛いのだ」という言葉が私は大好きです。

この書が着物をより身近に感じていただけるきっかけになることを祈って・・・

２００７年10月　冨田久美子

■staff
コーディネイト・監修　冨田久美子(kimono gallery 晏)
撮影　大平啓吾
装丁・本文デザイン　椎原由美子(C・O2 design)
企画・構成　株式会社ゴーシュ
http://www.gauche.co.jp

■special thanks（順不同）
大饗かをる　光宗道子　木村由加里　篠原美知子
三島恵子　平野順子　近藤ようこ　目白花子
沖野ヨーコ　川口綾子　川口有紀　舞草つよし
渡邉比呂美

あかしゆりこ　いわもとあきこ　大野ユミコ

ランドラ
呉服　笠間
帯の仕立て専門　カクマ

冨田久美子（kimono gallery 晏）

香川県高松市より発信する着物サイト「kimono gallery 晏」の主宰。地元・高松名産のもめん着物「保多織」を中心に、全国各地のもめんや麻、ウール・紬などのカジュアル着物の提案、販売、各種和装用品のプロデュースも。年2回の東京での展示会、オリジナルグッズの製作など、幅広く活動している。

もめんと麻のおしゃれ着物

もめんとあさのおしゃれきもの

監修　冨田久美子（kimono gallery　晏）

発行所　株式会社　二見書房
東京都千代田区神田神保町1-5-10
電　話　03（3219）2311　営業
電　話　03（3219）2316　編集
振　替　00170-4-2639

印刷・製本　図書印刷株式会社
落丁、乱丁本はお取り替えいたします。定価はカバーに表示してあります。

ISBN 978-4-576-07184-8

http://www.futami.co.jp